*

CONGREGACIÓN
PARA LOS INSTITUTOS DE VIDA CONSAGRADA
Y LAS SOCIEDADES DE VIDA APOSTÓLICA

ESCRUTAD

II CARTA A LOS CONSAGRADOS Y LAS CONSAGRADAS EN CAMINO POR LOS SIGNOS DE DIOS

Palabras del Magisterio del Papa Francisco

SAN PABLO

"AL SERVICIO DE LA VERDAD EN LA CARIDAD"
Paulinos, Provincia México

Primera edición 2014

D. R. © 2014, EDICIONES PAULINAS, S. A. DE C. V.
Calz. Taxqueña 1792, Deleg. Coyoacán, 04250, México, D. F.
www.sanpablo.com.mx

Impreso y hecho en México
Printed and made in Mexico

ISBN: 978-607-714-119-8

"Siempre en camino
con esa virtud
que es una virtud peregrina:
¡la alegría!"

PAPA FRANCISCO

Queridos hermanos y hermanas:

1. Continuamos con alegría el camino hacia el Año de la Vida Consagrada para que nuestros pasos sean desde ahora tiempo de conversión y de gracia. Con la palabra y la vida el Papa Francisco continúa indicando el gozo del anuncio y la fecundidad de una vida vivida al estilo del Evangelio, mientras nos invita a actuar, a ser "Iglesia en salida",[1] siguiendo una lógica de libertad.

Nos invita a dejar atrás "una Iglesia mundana bajo ropajes espirituales o pastorales" para respirar "el aire puro del Espíritu Santo que nos libera de estar centrados en nosotros mismos, escondidos en una apariencia religiosa vacía de Dios. ¡No nos dejemos robar el Evangelio!".[2]

2. La vida consagrada es signo de los bienes futuros en la ciudad humana, en éxodo a lo largo de los caminos de la historia. Acepta el confronto con certezas provisionales, con nuevas situaciones, con provocaciones en proceso continuo, con exigencias y pasiones que la humanidad contemporánea está gritando. En esta atenta peregrinación, custodia la riqueza del rostro de Dios, vive el seguimiento de Cristo, se deja guiar por el Espíritu, para vivir el amor por el Reino

---

1 FRANCISCO, Exhort. ap. *Evangelii gaudium* (24 de noviembre de 2013), 20-24.
2 *Ibid.*, 97.

con fidelidad creativa y diligente laboriosidad. La identidad de peregrina y orante *in limine historiae* le pertenece íntimamente.

Esta carta desea entregar a todos los consagrados dicha herencia preciosa, exhortándoles a *permanecer fieles al Señor con un corazón firme* (cf *Hch* 11,23-24) y a proseguir en este camino de gracia. Queremos leer juntos, sintéticamente, los pasos realizados en los últimos cincuenta años. En esta memoria el Concilio Vaticano II emerge como acontecimiento de relevancia absoluta para la renovación de la vida consagrada. Vuelve a sonar para nosotros la invitación del Señor: *Paraos en los caminos a mirar, preguntad por la vieja senda: "¿Cuál es el buen camino?", seguidlo y hallaréis reposo* (*Jer* 6,16).

En esta *statio* cada uno puede reconocer tanto las semillas de vida que, sembradas *en corazón* bueno y generoso (*Lc* 8,15), dieron fruto, como aquellas que cayeron al borde del camino, sobre la piedra o entre espinas y no dieron fruto (cf *Lc* 8,12-14).

Se nos ofrece la posibilidad de continuar el camino con coraje y vigilancia para osar opciones que honren el caracter *profético* de nuestra identidad, "una forma de especial participación en la función profética de Cristo, comunicada por el Espíritu Santo a todo el Pueblo de Dios",[3] para que sea manifestada en el hoy "la soberana grandeza del poder de Cristo glorioso y la potencia infinita del Espíritu Santo, que obra maravillas en la Iglesia".[4]

3 JUAN PABLO II, Exhort. ap. postsinodal *Vita consecrata* (25 de marzo de 1996), 84.
4 CONCILIO ECUMÉNICO VATICANO II, Constitución dogmática sobre la Iglesia *Lumen gentium*, 44.

Escrutad los horizontes de nuestra vida y de nuestro tiempo en atenta vigilia. Escrutad de noche para reconocer el fuego que ilumina y guía, escrutad el cielo para reconocer los signos que traen bendiciones para nuestra sequía. Vigilad atentos e interceder, firmes en la fe.

Es el tiempo de dar razón al Espíritu que crea:

"En nuestra vida personal, en la vida privada –recuerda el Papa Francisco– el Espíritu nos empuja a tomar un camino más evangélico. No opongan resistencia al Espíritu Santo: esta es la gracia que yo querría que todos pidiéramos al Señor; la docilidad al Espíritu Santo: ese Espíritu que viene a nosotros y nos hace ir adelante por la vía de la santidad. ¡Esa santidad tan hermosa de la Iglesia! La gracia de la docilidad al Espíritu Santo".[5]

Esta carta tiene su razón de ser en la memoria de la abundante gracia vivida por los consagrados y las consagradas en la Iglesia, mientras con sinceridad invita a discernir. El Señor está vivo y obra en nuestra historia, y nos llama a colaborar y al discernimiento unánime, en los nuevos tiempos de profecía al servicio de la Iglesia, en vistas del Reino que llega.

Vistámonos nuevamente con las armas de la luz, de la libertad, del coraje del Evangelio para escrutar el horizonte, reconocer los signos de Dios y obedecerlos. Con opciones evangélicas atrevidas al estilo del humilde y del pequeño.

---

5 FRANCISCO, *No se somete al Espíritu*, Meditaciones diarias en la capilla de la *Domus Sanctae Marthae*, Roma (16 de abril de 2013).

EN ÉXODO OBEDIENTE

En todas las etapas del camino,
cuando la nube se alzaba,
alejándose de la Morada,
los israelitas levantaban el campamento.
Si la nube no se alzaba,
ellos no se movían,
hasta que la nube volvía a hacerlo.
Porque durante el día,
la nube del Señor estaba sobre la Morada,
y durante la noche, un fuego brillaba en ella,
a la vista de todo el pueblo de Israel.
Esto sucedía en todas las etapas del camino.

Éxodo 40,36-38

A la escucha

2. La vida de fe no es simplemente algo que se posee, sino un camino que conoce momentos luminosos y túneles oscuros, horizontes abiertos y senderos tortuosos e inciertos. Del misterioso abajamiento de Dios sobre nuestras vidas y nuestras experiencias, según las Escrituras, nace el asombro y la alegría, don de Dios que llena la vida de sentido y luz y se realiza plenamente en la salvación mesiánica realizada por Cristo.

Antes de centrar nuestra atención en el acontecimiento conciliar y sus efectos nos dejamos orientar por un icono bíblico para hacer memoria viva y agradecida del *kairòs* postconciliar en los valores que lo inspiraron.

La gran epopeya del éxodo del pueblo de la esclavitud de Egipto hacia la Tierra prometida, se convierte en el icono que recuerda nuestro moderno *stop and go*, la pausa y la salida, la paciencia y la iniciativa. Los últimos decenios han sido un periodo de altos y bajos, proyecciones y desilusiones, exploraciones e introspecciones nostálgicas.

La tradición interpretativa de la vida espiritual, de diversas formas estrechamente conectada con la de la vida consagrada, a menudo ha encontrado símbolos y metáforas sugestivas en el paradigma del éxodo del pueblo de Israel de Egipto: la zarza ardiente, el paso del mar, el camino en el desierto, la teofanía en el Sinaí, el miedo a la soledad, el don de la ley y la alianza, la columna de nube y de fuego, el maná, el agua de la roca, la murmuración y la nostalgia.

Retomemos el símbolo de la nube (en hebreo *'ānān)*,[6] que guiaba misteriosamente el camino del pueblo: lo hacía deteniéndose, incluso por mucho tiempo, y por lo tanto creando malestar y arrepentimientos, y a veces levantándose y moviéndose y así indicando el ritmo de la marcha, bajo la guía de Dios.

Escuchemos la Palabra: *En todas las etapas del camino, cuando la nube se alzaba, alejándose de la Morada, los israelitas levantaban el campamento. Si la nube no se alzaba, ellos no se movían, hasta que la nube volvía a hacerlo. Porque durante el día, la nube del Señor estaba sobre la Morada, y durante la noche, un fuego brillaba en ella, a la vista de todo el pueblo de Israel. Esto sucedía en todas las etapas del camino (Éx 40,36-38).*

Añade algo interesante y nuevo el texto paralelo de los Números (cf *Núm* 9,15-23), especialmente sobre las paradas y la reanudación de la marcha: *Siempre que la nube estaba sobre la Morada —ya fueran dos días, un*

---

6 La expresión *'ānān* está presente 87 veces en el Antiguo Testamento, de las cuales 20 en el *Éxodo* y otras 20 en *Números*. Sólo una vez aparece la expresión "columna de fuego y de nube" (*Éx* 14, 24); normalmente se dice "columna de nube" o bien "columna de fuego". Las dos expresiones describen la manifestación de la presencia divina.

mes o un año– los israelitas *permanecían acampados y no levantaban el campamento* (*Núm* 9,15).

Es evidente que este tipo de presencia y guía por parte de Dios exigía una constante vigilancia: tanto para responder al imprevisible movimiento de la nube, como para custodiar la fe en la presencia protectora de Dios, cuando las paradas se hacían largas y la meta parecía aplazada *sine die.*

En el lenguaje simbólico de la narración bíblica esa nube era el *ángel de Dios,* como afirma el libro del Éxodo (*Éx* 14,19). Y en la interpretación sucesiva *la nube* se vuelve un símbolo privilegiado de la presencia, la bondad y la fidelidad de Dios. Así las tradiciones profética, sálmica y sapiencial recurrirán a menudo a este símbolo, desarrollando incluso otros aspectos, como por ejemplo el esconderse de Dios por culpa del pueblo (cf *Lam* 3,44), o la majestad de la sede del trono de Dios (cf *2 Crón* 6,1; *Job* 26,9).

El Nuevo Testamento retoma, a veces con un lenguaje análogo, este *símbolo* en las teofanías: la concepción virginal de Jesús (cf *Lc* 1,35), la transfiguración (cf *Mt* 17, 1-8 y par.), la ascensión al cielo de Jesús (cf *Hch* 1,9). Pablo usa la *nube* también como símbolo del bautismo (cf *1Cor* 10,1) y el simbolismo de la *nube* forma parte en todo momento del imaginario para describir el regreso glorioso del Señor al final de los tiempos (cf *Mt* 24, 30; 26, 64; *Ap* 1, 7; 14, 14).

En resumen, la perspectiva dominante, ya en la simbología típica del éxodo, es la *nube* como signo del mensaje divino, presencia activa del Señor Dios en medio de su pueblo. Israel tendrá que estar siempre preparado para seguir en camino, para reconocer la propia culpa y rechazarla cuando se haga oscuro su horizonte, a esperar cuando las paradas se alarguen y la meta parezca imposible de alcanzar.

A la complejidad de las múltiples citaciones bíblicas de la *nube*, se añaden también valores como la inaccesibilidad de Dios, su soberanía que todo lo cuida desde lo alto, su misericordia que desgarra las nubes y baja para darnos vida y esperanza. Amor y conocimiento de Dios se aprenden únicamente en un camino de seguimiento, en una disponibilidad libre de miedos y nostalgias.

A siglos de distancia del éxodo, muy cerca de la llegada del Redentor, el sabio recordará aquella arriesgada epopeya de los Israelitas guiados por la nube y el fuego con una frase lapidaria: *Les proporcionaste una columna de fuego que los guiara en el viaje desconocido* (*Sab* 18,3).

Como guiados por la nube

3. La nube de luz y fuego que guiaba al pueblo, según ritmos que exigían total obediencia y vigilancia completa, es para nosotros elocuente. Podemos ver, como en un espejo, un modelo interpretativo para la vida consagrada de nuestro tiempo. La vida consagrada durante algunos decenios, llevada por el impulso carismático del Concilio, ha caminado como si siguiese las señales de la *nube* del Señor.

Los que han recibido la gracia de "ver" el inicio del camino conciliar conservan en el corazón el eco de las palabras de san Juan XXIII: *Gaudet Mater Ecclesia*, el *incipit* del discurso de inicio del Concilio (11 de octubre de 1965).[7]

En el signo de la alegría, gozo profundo del espíritu, la vida consagrada ha sido llamada a continuar con novedad el camino de la historia:

"En el presente momento histórico, la Providencia nos está llevando a un nuevo orden de relaciones humanas que, por obra misma de los hombres pero más aún por encima de sus mismas intenciones, se encaminan al cumplimiento de planes superiores e inesperados; pues todo, aun las humanas adversidades, aquélla lo dispone para mayor bien de la Iglesia [...] es necesario sin embargo, que esta doctrina cierta e inmutable, a la cual se debe prestar una adhesión fiel, venga profundizada y expuesta según nos piden los tiempos actuales. Una cosa es la sustancia de la antigua doctrina, del *"depositum fidei"*, es decir las verdades contenidas en nuestra venerable doctrina, y otra la manera como son anunciadas, teniendo en cuenta que mantengan el mismo sentido y un mismo significado. Se dará gran importancia a este método y, si fuera necesario, aplicarlo con paciencia [...]"[8]

San Juan Pablo II ha definido el acontecimeinto conciliar "la gran gracia de la que la Iglesia se ha beneficiado en el siglo XX. Con el Concilio se nos ha ofrecido una brújula segura para orientarnos en el camino".[9] El Papa Francisco ha reafirmado que "fue una obra

7 JUAN XXIII, Discurso de apertura del Concilio *Gaudet Mater Ecclesia*, Roma (11 de octubre de 1962).
8 *Ibid.*, 4,6.
9 JUAN PABLO II, Carta ap. *Novo Millennio Ineunte* (6 de enero de 2001), 57.

hermosa del Espíritu Santo".[10] Podemos también afirmarlo para la vida consagrada: ha sido un paso benéfico de iluminación y discernimiento, de cansancios y grandes alegrías.

El de los consagrados ha sido un auténtico "camino del éxodo".Tiempo de entusiasmo y de audacia, de invención y de fidelidad creativa, pero también de certezas frágiles, de improvisaciones y desilusiones amargas. Con la mirada reflexiva del después, podemos reconocer que verdaderamente había un fuego en la nube (*Éx* 40,38), y que por caminos "desconocidos" el Señor ha conducido la vida y los proyectos de los consagrados y de las consagradas por los caminos del Reino.

En los últimos años el impulso de dicho camino parece haber perdido sus fuerzas. La nube parece que rodee más de oscuridad que de fuego, pero en ella vive todavía *el fuego* del Espíritu. Si bien caminemos, algunas veces, en la oscuridad y en la indiferencia, que amenazan con inquietar nuestros corazones (cf *Job* 14,1), la fe despierta la certeza que dentro de la nube no ha faltado jamás la presencia del Señor: es un fuego llameante de noche (*Is* 4,5), más allá de la oscuridad.

Se trata de partir cada vez de nuevo en la fe hacia *un viaje desconocido* (*Sab* 18,3), como el padre Abrahán, que *salió sin saber a dónde iba* (cf *Heb* 11,8). Es un camino que pide una obediencia y una confianza radicales, a la que sólo la fe consiente el acceso y que en la fe es posible renovar y consolidar.[11]

10 FRANCISCO, *No se somete al Espíritu*, Meditaciones diarias en la capilla de la *Domus Sanctae Marthae*, Roma (16 de abril de 2013).
11 Cf BENEDICTO XVI, *Audiencia*, Roma (23 de enero de 2013).

Memoria viva del éxodo

4. No hay duda de que los consagrados y las consagradas al final de la asamblea conciliar acogieron con adhesión y fervor sincero las decisiones de los Padres conciliares. Se percibía que la gracia del Espíritu Santo, invocado por san Juan XXIII para obtener en la Iglesia un *renovado Pentecostés,* ya estaba actuando. Al mismo tiempo, se advertía desde al menos un decenio una sintonía de pensamiento, de aspiraciones y de efervescencias *in itinere.*

La Constitución Apostólica *Provida Mater Ecclesia,* en 1947, reconocía la consagración viviendo los consejos evangélicos en la condición secular. Un "gesto revolucionario en la Iglesia".[12]

El reconocimiento oficial llegó antes que la reflexión teológica trazase el horizonte específico de la consagración secular. A través de dicho reconocimiento se expresaba en cierto modo una orientación que llegaría a ser el corazón del Concilio Vaticano II: la simpatía por el mundo que engendra un diálogo nuevo.[13]

Este Dicasterio en 1950, bajo la protección de Pío XII, convocó el primer Congreso Mundial de los Estados de Perfección. Las enseñanzas pontificias abrirán el camino para una *accommodata renovatio,* expresión que el Concilio hará suya en el decreto *Perfectae caritatis.* A dicho Congreso siguieron otros, en varios contextos y sobre varios temas, haciendo posible en los

12 Cf FRANCISCO, *Audiencia* a los participantes al encuentro promovido por la Conferencia Italiana de los Institutos Seculares, Roma (10 de mayo de 2014).
13 Cf PABLO VI, *Alocución* con ocasión de la última sesión pública del Concilio Ecuménico Vaticano II, Roma (7 de diciembre de 1965).

años cincuenta y al inicio del decenio sucesivo una nueva reflexión teológica y espiritual. En este terreno tan bien preparado, las sesiones del concilio esparcieron abundantemente la buena semilla de la doctrina y la riqueza de orientaciones concretas que todavía hoy vivimos como herencia preciosa.

Nos encontramos a cerca de cincuenta años de la promulgación de la Constitución dogmática *Lumen gentium* del Concilio Vaticano II, que tuvo lugar el 21 de noviembre de 1964. Una memoria de gran valor teológico y eclesial: "Y así toda la Iglesia aparece como 'un pueblo reunido en virtud de la unidad del Padre y del Hijo y del Espíritu Santo'".[14] Se reconoce la centralidad del pueblo de Dios en camino entre la gente, redimido por la sangre de Cristo (cf *Hch* 20,28), lleno del Espíritu de verdad y santidad y *enviado a los hombres como luz del mundo y sal de la tierra* (cf *Mt* 5, 13-16).[15]

Se traza de este modo una identidad fuertemente fundada en Cristo y su Espíritu, y al mismo tiempo se propone una Iglesia que se dirige hacia todas las situaciones culturales, sociales y antropológicas: "Debiendo difundirse en todo el mundo, entra, por consiguiente, en la historia de la humanidad, si bien trasciende los tiempos y las fronteras de los pueblos. Caminando, pues, la Iglesia en medio de tentaciones y tribulaciones, se ve confortada con el poder de la gracia de Dios, que le ha sido prometida para que no desfallezca de la fidelidad perfecta por la debilidad de la carne, antes, al contrario, persevere como esposa

---

14 CONCILIO ECUMÉNICO VATICANO II, Constitución dogmática sobre la Iglesia *Lumen gentium*, 4.
15 Cf *Ibid.*, 9.

digna de su Señor y, bajo la acción del Espíritu Santo, no cese de renovarse hasta que por la cruz llegue a aquella luz que no conoce ocaso".[16]

La *Lumen gentium* dedica todo el capítulo VI a los religiosos.[17] Después de afirmar el principio teológico de la "vocación universal a la santidad",[18] la Iglesia reconoce entre los múltiples caminos de santidad el don de la vida consagrada, recibido del Señor y conservado desde siempre con su gracia.[19] La raíz bautismal de la consagración, en las enseñanzas de Pablo VI, se pone de relieve con alegría, mientras se indica el estilo de vida vivido en *sequela Christi* como permanente y eficaz representación de la forma de existencia que el Hijo de Dios ha abrazado en su vida terrena. La vida consagrada, en definitiva, viene propuesta como signo para el Pueblo de Dios en el desempeño de la común vocación cristiana y manifestación de la gracia del Señor Resucitado y de la potencia del Espíritu Santo que obra maravillas en la Iglesia.[20]

Estas afirmaciones han demostrado con el pasar de los años una eficacia enérgica. Un cambio del que hoy se pueden apreciar los frutos es el aumento del sentido eclesial que traza la identidad y anima la vida y las obras de los consagrados.

Por primera vez, en los trabajos de un Concilio ecuménico, la vida consagrada ha sido identificada como parte viva y fecunda de la vida de comunión y de san-

---

16 *Ibidem.*
17 Cf *Ibid.*, 43-47.
18 Cf *Ibid.*, V capítulo.
19 Cf *Ibid.*, 43.
20 Cf *Ibid.*, 44.

tidad de la Iglesia y no como ámbito necesitado de "decretos de reforma".

El mismo intento ha guiado también el decreto *Perfectae caritatis*, del que estamos para celebrar el quincuagésimo de su promulgación, que tuvo lugar el 28 de octubre de 1965. En este resuena de manera unívoca la radicalidad de la llamada: "Como quiera que la última norma de vida religiosa es el seguimiento de Cristo, tal como lo propone el Evangelio, todos los Institutos han de tenerla como regla suprema".[21]

Parece una afirmación clara y genérica, de hecho ha provocado una purificación radical en la espiritualidad devocional y de las identidades cerradas en la primacía de servicios eclesiales y sociales inmóviles en la imitación sacralizada de los propósitos del fundador.

No podemos anteponer nada a la centralidad del seguimiento de Cristo.

El magisterio conciliar pone en marcha además el reconocimiento de la diversas formas de vida consagrada. Los institutos apostólicos ven reconocidos a un nivel tan prestigioso, por primera vez y con claridad, el principio de que su acción apostólica pertenece a la esencia misma de la vida consagrada.[22] La vida consagrada laical aparece constituida y reconocida como "un estado completo en sí de profesión de los consejos evangélicos".[23] Los Institutos seculares surgen con propias características constituyentes de la consagración secular.[24] Se prepara el renacimiento

21 CONCILIO ECUMÉNICO VATICANO II, Decreto sobre la adecuada renovación de la vida religiosa *Perfectae caritatis*, 2a.
22 Cf *Ibid.*, 8.
23 *Ibid.*, 10.
24 Cf *Ibid.*, 11.

del *Ordo Virginum* y de la vida eremita como formas no asociadas de vida consagrada.[25]

Los consejos evangélicos se presentan con subrayados innovadores, como un proyecto existencial aceptado con modalidades propias y con una radicalidad especial a imitación de Cristo.[26]

Dos temas más sobresalen por la novedad de lenguaje con el que son presentados: la vida fraterna en común y la formación. La primera encuentra su inspiración bíblica en los Hechos de los Apóstoles, que durante siglos ha animado las aspiraciones al *cor unum et anima una* (*Hch* 4,32). El reconocimiento positivo de la variedad de modelos y de estilos de vida fraterna constituye hoy uno de los resultados más significativos del soplo innovador del Concilio. Además, centrándose en el don común del Espíritu, el decreto *Perfectae caritatis* impulsa a la superación de clases y categorías, para establecer comunidades de estilo fraterno, con iguales derechos y obligaciones, exceptuando los que derivan del Orden sagrado.[27]

El valor y la necesidad de la formación se ponen como fundamentos de la renovación: "La renovación de los Institutos depende principalmente de la formación de sus miembros".[28] Por el carácter esencial, este principio ha funcionado como un axioma: desde éste se ha desarrollado un itinerario constante y descubridor de experiencias y discernimiento, en el que la

25 *Codigo de Derecho Canónico*, promulgado por Juan Pablo II (25 de enero de 1983), can. 604 y 603.
26 Cf CONCILIO ECUMÉNICO VATICANO II, Decreto sobre la adecuada renovación de la vida religiosa *Perfectae caritatis*, 12-14.
27 Cf *Ibid.*, 15
28 *Ibid.*, 18.

vida consagrada ha invertido intuiciones, estudios, investigación, tiempo y medios.

Alegrías y cansancios del camino

5. A partir de los estímulos conciliares la vida consagrada ha recorrido un largo camino. En realidad, el éxodo no ha impulsado solamente a buscar los horizontes señalados por el Concilio. Los consagrados y las consagradas se encuentran y se miden con nuevas realidades sociales y culturales: la atención a los signos de los tiempos y de los lugares, la continua invitación de la Iglesia a poner en práctica el estilo conciliar, el descubrimiento y reinterpretación del carisma de fundación, los rápidos cambios en la sociedad y en la cultura. Nuevos escenarios que piden un nuevo y unánime discernimiento, desestabilizando modelos y estilos repetidos en el tiempo, incapaces de dialogar, como testimonio evangélico, con los nuevos desafíos y las nuevas oportunidades.

En la Constitución *Humanae salutis,* con la que san Juan XXIII abría la asamblea conciliar del Vaticano II, se lee: "Siguiendo la recomendación de Jesús cuando nos exhorta a distinguir claramente los *signos de los tiempos* (*Mt* 16,3), creemos vislumbrar, en medio de tantas tinieblas, no pocos indicios que nos hacen concebir esperanzas de tiempos mejores para la Iglesia y la humanidad".[29]

---

29 JUAN XXIII, Const. ap. *Humanae salutis* por la que se convoca el Concilio Ecuménico Vaticano II (25 de diciembre de 1961), 4.

La carta encíclica *Pacem in terris*, dirigida a todos los hombres de buena voluntad, introducía como clave teológica los "signos de los tiempos". Entre ellos san Juan XXIII reconoce: el crecimiento económico–social de las clases trabajadoras; el ingreso de la mujer en la vida pública; la formación de naciones independientes;[30] la salvaguardia y la promoción de los derechos y los deberes en los ciudadanos conscientes de su propia dignidad;[31] la convicción de que los conflictos deben encontrar soluciones, a través de la negociación, sin el recurso a las armas.[32] Se incluye entre estos signos la *Declaración universal de los derechos del hombre*, aprobada por las Naciones Unidas.[33]

Los consagrados han habitado e interpretado estos nuevos horizontes. Han anunciado y testimoniado *in primis* el Evangelio con la vida, ofreciendo ayuda y solidaridad de todo tipo, colaborando en las tareas más dispares, dejando huellas de cercanía cristiana, comprometidos en el proceso histórico actual. Lejos de lamentarse recordando las glorias pasadas, han intentado revitalizar el tejido social y sus peticiones, con la viva *traditio* eclesial, verificada en los siglos en la divisoria de la historia, según el *habitus* de la fe y de la esperanza cristiana.

La tarea que el horizonte histórico al final del siglo XX ha puesto delante de la vida consagrada ha pedido nuevamente audacia e imaginación valiente. Por eso, este paso epocal es necesario valorarlo como abnega-

30 JUAN XXIII, Carta enc. *Pacem in terris* sobre la paz entre todos los pueblos (11 de abril de 1963), 24-25.
31 Cf *Ibid.*, 45-46.
32 Cf *Ibid.*, 67.
33 Cf *Ibid.*, 75.

ción profética, religiosamente motivada: muchos consagrados han vivido con seria entrega, y a menudo también con gran riesgo personal, la nueva conciencia evangélica de tomar partido por los pobres y los últimos, compartiendo con ellos valores y angustias.[34]

La vida religiosa se abre a la renovación no por iniciativa propia, ni por un mero deseo de novedad, y ni siquiera por un repliegue reductivo en las urgencias sociológicas. Sino, principalmente, por obediencia responsable tanto al Espíritu creador, que "habla por medio de los profetas" (cf *Credo* apostólico),[35] como a la llamada del Magisterio de la Iglesia, expresado con fuerza en las grandes encíclicas sociales, *Pacem in terris* (1963), *Populorum progressio* (1967), *Octogesima adveniens* (1971), *Laborem exercens* (1981), *Caritas in veritate* (2009). Se ha tratado –por seguir con el icono de la nube– de una fidelidad a la voluntad divina, expresada a través de la voz acreditada de la Iglesia.

La visión del carisma como originado por el Espíritu, orientado a la configuración con Cristo, marcado por el perfil eclesial comunitario, en dinámico desarrollo en la Iglesia, ha motivado cada decisión de renovación y progresivamente ha dado forma a una

---

34 Cf JUAN PABLO II, Carta ap. a los religiosos y religiosas de América latina con motivo del V centenario de la evangelización del Nuevo Mundo *Los caminos del Evangelio* (29 de junio de 1990), 19, 21; *ibidem*, Exhort. ap. postsinodal *Vita consecrata* (25 de marzo de 1996), 82, 86, 89-90.

35 El primer uso oficial del léxico "profético" por parte del magisterio se halla en el documento: SAGRADA CONGREGACIÓN PARA LOS RELIGOSOS Y LOS INSTITUTOS SECULARES, *Religiosos y promoción humana* (en latín: *Optiones evangelicae*) (12 de agosto de 1980), introducción núms. 2, 4, 24, 27, 33. En *Vita consecrata*, además de los dos párrafos específicos (84-85), la terminología se repite unas treinta veces, unas cien si se cuentan las expresiones análogas.

auténtica teología del carisma, aplicada claramente y por primera vez a la vida consagrada.[36] El Concilio no ha atribuido esta palabra explícitamente a la vida consagrada, pero ha abierto el camino citando algunos testimonios paulinos.[37]

En la exhortación apostólica *Evangelica testificatio*, Pablo VI adopta oficialmente esta nueva terminología,[38] y escribe: "Insiste justamente el Concilio sobre la obligación, para religiosos y religiosas, de ser fieles al espíritu de sus fundadores, a sus intenciones evangélicas, al ejemplo de su santidad, poniendo en esto uno de los principios de la renovación en curso y uno de los criterios más seguros para aquello que cada Instituto debería emprender".[39]

Esta Congregación, testigo de tal camino, ha acompañado las diversas fases de reelaboración de las *Constituciones* de los Institutos. Ha sido un proceso que ha alterado viejos equilibrios, trasformando prácticas obsoletas de la tradición,[40] mientras ha llevado a cabo una relectura con una nueva hermeneútica de las herencias espirituales y ensayado nuevas estructuras, hasta el punto de volver a trazar programas y presencias. En dicha renovación, al mismo tiempo fiel

---

36 Cf SAGRADA CONGREGACIÓN PARA LOS RELIGIOSOS Y LOS INSTITUTOS SECULARES – SAGRADA CONGREGACIÓN PARA LOS OBISPOS, Criterios directivos sobre las relaciones entre los Obispos y los Religiosos en la Iglesia *Mutuae Relationes* (14 de mayo de 1978), 12, 19, 51.
37 Cf por ejemplo CONCILIO ECUMÉNICO VATICANO II, Decreto sobre la adecuada renovación de la vida religiosa *Perfectae caritatis*, 1,2,7,8,14, 15; *ibidem*, Decreto sobre la actividad misionera de la Iglesia *Ad gentes*, 23.
38 PABLO VI, Exhort. ap. *Evangelica testificatio* (29 de junio de 1971), 11, 12, 32.
39 *Ibid*. 11.
40 Cf CONCILIO ECUMÉNICO VATICANO II, Decreto sobre la adecuada renovación de la vida religiosa *Perfectae caritatis*, 3.

y creativa, no podemos olvidar algunas dialécticas de enfrentamiento y de tensión e incluso dolorosas deserciones.

La Iglesia no ha detenido el proceso, pero lo ha acompañado con un Magisterio atento y una vigilancia inteligente, conjugando, con la prioridad de la vida espiritual, siete temas principales: carisma fundacional, vida en el Espíritu alimentada por la Palabra (*lectio divina*), vida fraterna en común, formación inicial y permanente, nuevas formas de apostolado, autoridad de gobierno y atención a las culturas. La vida consagrada en los últimos cincuenta años se ha evaluado y ha caminado aceptando estos retos.

La referencia a la *carta* del Concilio consiente "encontrar el auténtico espíritu", para evitar interpretaciones erróneas.[41] Estamos llamados a hacer juntos memoria de un acontecimiento vivo en el que nosotros Iglesia hemos reconocido nuestra identidad profunda. Pablo VI en la clausura del Concilio Vaticano II afirmaba con mente y corazón agradecidos: "la Iglesia se ha recogido en su más íntima conciencia espiritual, [...] para hallar en sí misma, viviente y operante en el Espíritu Santo, la palabra de Cristo y sondear más a fondo el misterio, o sea, el designio y la presencia de Dios por encima y dentro de sí y para reavivar en sí la fe, que es el secreto de su seguridad y de su sabiduría, y reavivar el amor que le obliga a cantar sin descanso las alabanzas de Dios: *cantare amantis est*, dice san Agustín (Serm. 336; Pl 38, 1472). Los documentos conciliares, principalmente los que tratan de la divina Revelación,

---

41 Cf BENEDICTO XVI, *Homilía*, Santa Misa para la apertura del Año de la Fe, Roma (11 de octubre de 2012).

de la Liturgia, de la Iglesia, de los Sacerdotes, de los Religiosos, de los Laicos, permiten ver claramente esta directa y primordial intención religiosa, y demuestran cuán limpia, fresca y rica la vena espiritual que el vivo contacto con Dios vivo hace estallar en el seno de la Iglesia, y de ella esparce sobre los áridos campos de nuestra tierra".[42]

La misma fidelidad al Concilio como acontecimiento eclesial y como paradigma, nos pide ahora saberse proyectar con confianza hacia el futuro. ¿Nos acompaña internamente la certeza de que Dios nos guía en nuestro caminar?

En la riqueza de palabras y gestos, la Iglesia nos lleva a leer nuestra vida personal y comunitaria en el marco del entero plan de salvación, a entender hacia qué dirección orientarnos, qué futuro imaginar, en continuidad con los pasos dados hasta hoy nos invita a redescubrir la unidad de *confessio laudis fidei et vitae*.

La *memoria fidei* nos ofrece raíces de continuidad y perseverancia: una identidad fuerte para reconocernos parte de un proyecto, de una historia. La relectura en la fe del camino recorrido no se limita a los grandes acontecimientos, ayudándonos a releer nuestra historia personal, dividiéndola en etapas significativas.

---

42 PABLO VI, *Alocución* durante la última sesión pública del Concilio Ecuménico Vaticano II, Roma (7 de dicembre de 1965).

EN ATENTA VIGILIA

Elías subió a la cima del Carmelo;
Allí se encorvó hacia tierra,
con el rostro en las rodillas...
"Sube del mar una nubecilla
como la palma de una mano".

1Re 18,42.44

A la escucha

6. Buscamos más luz en la simbología bíblica, pidiendo inspiración para el camino de profecía y de exploración de los nuevos horizontes de la vida consagrada, que queremos considerar en esta segunda parte. La vida consagrada de hecho, por su naturaleza, está intrínsecamente llamada a un servicio testimonial que la pone como *signum in Ecclesia.*[43]

Se trata de una función propia de cada cristiano, pero en la vida consagrada se caracteriza por la radicalidad de la *sequela Christi* y por la prioridad de Dios, y al mismo tiempo por la capacidad de vivir la misión evangelizadora de la Iglesia con *parresia* y creatividad. Justamente San Juan Pablo II ha reafirmado que: "El testimonio profético [...] se manifiesta en la denuncia de todo aquello que contradice la voluntad de Dios y en el escudriñar nuevos caminos de actuación del Evangelio para la construcción del Reino de Dios".[44]

---

43 CONCILIO ECUMÉNICO VATICANO II, Constitución dogmática sobre la Iglesia *Lumen gentium*, 44.
44 JUAN PABLO II, Exhort. ap. postsinodal *Vita consecrata* (25 de marzo de 1996), 84.

En la tradición patrística el modelo bíblico de referencia para la vida monástica es el profeta Elías: tanto por su vida de soledad y de asceta, como por la pasión por la alianza y la fidelidad a la ley del Señor, y por la audacia en la defensa de los derechos de los pobres (cf 1Re 17-19; 21). Lo ha recordado incluso la exhortación apostólica *Vita consecrata*, sosteniendo la naturaleza y función profética de la vida consagrada.[45] En la tradición monástica el *manto* que simbólicamente Elías dejó caer sobre Eliseo, en el momento del rapto al cielo (cf 2Re 2,13), ha sido interpretado como paso del espíritu profético del padre al discípulo y también como símbolo de la vida consagrada en la Iglesia, que vive de memoria y profecía renovadas.

Elías el tesbita se presenta de pronto en el escenario del reino del Norte, con una amenaza contundente: *En estos años no caerá rocío ni lluvia si yo no lo mando* (1Re 17,1). Manifiesta así una rebelión de la conciencia religiosa ante la decadencia moral a la que la prepotencia de la reina Jezabel y la pereza del rey Acab está conduciendo al pueblo. La sentencia profética que cierra forzadamente el cielo es un desafío abierto a las funciones especiales de Baal y del grupo de los *baalîm*, a los que se atribuía fecundidad y fertilidad, lluvia y bienestar. Partiendo de aquí, se va tejiendo la acción de Elías en episodios que más que narrar una historia, presentan momentos dramáticos y de gran fuerza inspiradora (cf 1Re 17-19.21; 2Re 1-2).

A cada paso Elías vive *in progress* su servicio profético, conociendo purificaciones e iluminaciones que caracterizan su perfil bíblico, hasta el punto más alto

45 *Idem.*

del encuentro con el paso de Dios en la brisa tenue y silenciosa del Horeb. Estas experiencias son inspiración también para la vida consagrada. Ésta también debe pasar desde el refugio solitario y penitente del *wadi* del Carit (cf *1Re* 17,2-7) hasta el encuentro solidario con los pobres que luchan por sus vidas, como la viuda de Sarepta (cf *1Re* 17,8-24); aprender la audacia genial representada en el reto del sacrificio sobre el monte Carmelo (cf *1Re* 18,20-39) y de la intercesión por el pueblo entumecido por la sequía y la cultura de muerte (cf *1Re* 18,41-46), hasta defender los derechos de los pobres atropellados por los prepotentes (cf *1Re* 21) y poner en guardia contra las formas idolátricas que profanan el santo nombre de Dios (cf *2Re* 1).

Página dramática especialmente es la depresión mortal de Elías en el desierto de Berseba (*1Re* 19,1-8): pero allí Dios, ofreciendo pan y agua de vida, sabe transformar delicadamente la fuga en peregrinación hacia el monte Horeb (*1Re* 19,9).

Es ejemplo para nuestras noches oscuras, que, como para Elías, preceden el resplandor de la teofanía en la brisa tenue (*1Re* 19,9-18), y preparan a nuevas temporadas de fidelidad, que se convierten en historias de llamadas nuevas (como para Eliseo: *1Re* 19,19-21), y también infunden coraje para intervenir contra la justicia sacrílega (cf el asesinato del campesino Nabot: *1Re* 21,17-29). Por último, nos conmueve el saludo lleno de afecto a la comunidad de los hijos de los profetas (*2Re* 2,1-7) que prepara a la subida final más allá del Jordán, hacia el cielo en el carro de fuego (*2Re* 2,8-13).

Podríamos sentirnos atraídos por las gestas clamorosas de Elías, por las protestas furiosas, por las acusaciones directas y audaces, hasta la disputa con Dios en el Horeb, cuando Elías llega a acusar al pueblo de pensar sólo en proyectos destructivos y peligrosos. Pero pensemos que en el momento histórico actual, pueden hablarnos mejor algunos elementos menores, que son como pequeños signos, y que, en cambio, inspiran nuestros pasos y nuestras opciones de manera nueva en este momento histórico en el cual las huellas de Dios parecen desaparecer en la desertificación del sentido religioso.[46]

El texto bíblico ofrece numerosos símbolos "menores". Podemos citar: *los pocos recursos de vida* en el torrente Carit, con esos *cuervos* que obedecen a Dios llevando al profeta pan y carne, como gesto de misericordia y solidaridad. La generosidad, arriesgando la propia vida, de la viuda de Sarepta que sólo posee *un puñado de harina y un poco de aceite* (1Re 17,12) y se los ofrece al profeta hambriento. La *impotencia* de Elías ante el niño muerto, su grito indeciso y el abrazo desesperado, que la viuda interpreta teológicamente, son la revelación del rostro de un Dios misericordioso. La lucha interminable del profeta postrado en intercesión –después del clamoroso y un poco teatral choque con los sacerdotes de Baal en el Carmelo– implorando lluvia para el pueblo extenuado por la sequía. En un juego de equipo entre Elías, el chico que sube y baja de la cresta y Dios que es el auténtico señor de la lluvia (y no Baal), llega finalmente la respuesta de una nube-

46 Cf FRANCISCO, Exhort. ap. *Evangelii gaudium* (24 de noviembre de 2013), 86.

cita, como la palma de la mano (cf *1Re* 18,41). Una respuesta minúscula de Dios que, sin embargo, se convierte rápidamente en lluvia abundante y reparadora para un pueblo al límite de sus fuerzas.

Algunos días después, aquel *pan cocido* y aquel *jarro de agua* que aparecen al lado del profeta en depresión mortal en el desierto, serán igualmente una pobre pero eficaz respuesta: es un recurso que da fuerza para caminar *cuarenta días y cuarenta noches hasta el monte de Dios, el Horeb* (*1Re* 19,8). Y allí, en el hueco de una cueva donde Elías se refugia, todavía ardiendo de rebelión contra el pueblo destructor sacrílego que amenaza incluso su vida, asistirá a la destrucción de su imaginario de amenaza y de potencia: *El Señor no estaba...* ni en el huracán, ni en el terremoto, sino en una *voz de silencio tenue* (1Re 19,12).[47]

Una página sublime para la literatura mística, una caída vertical en realidad para toda la "rabia sagrada" del profeta: debe reconocer la presencia de Dios más allá de cualquier imaginario tradicional que lo aprisionaba. Dios es susurro y brisa, no es un producto de nuestra necesidad de seguridad y de éxito, *no quedaba rastro de sus huellas* (cf *Sal* 77,20), pero está presente de for ma auténtica y eficaz.

Elías con su rabia y sus emociones estaba para estropearlo todo, creyendo ser el único fiel. En cambio, Dios sabía que había otros siete mil testigos fieles, profetas

---

47 En hebreo: *qôl demamáh daqqáh*, la traducción no es fácil ni unánime, por el múltiple significado de cada palabra. *Qôl*: significa voz, sonido, viento, silbido, murmullo, brisa, susurro; *demamáh*: significa silencio, vacío de muerte, suspensión, sin aliento; *daqqáh*: significa ligero, tenue, fino, sutil, tranquilo. Los Setenta traducen en griego: *phonè aúras leptês*; Jerónimo en latín: *sibilus aurae tenuis*.

y reyes dispuestos a obedecerle (1Re 19,15-19), porque la historia de Dios no se identificaba con el fracaso del profeta deprimido y vehemente. La historia continúa, porque está en las manos de Dios, y Elías tiene que ver con ojos nuevos la realidad, dejarse regenerar por el mismo Dios en esperanza y confianza. Esa postura encorvada sobre la montaña para implorar la lluvia, que asemeja al niño recién nacido en el vientre de su madre, se retoma simbólicamente también en el Horeb escondiéndose en la cueva, y ahora se completa con un nuevo nacimiento del profeta, para caminar erecto y regenerado por los misteriosos caminos del Dios viviente.

Al pie de la montaña el pueblo luchaba todavía contra una vida que no era ya vida, una religiosidad que era profanación de la alianza y nueva idolatría. El profeta debe cargar sobre sí mismo esta lucha y esa desesperación, tiene que *desandar sus pasos* (*1Re* 19,15), que ahora son sólo los de Dios, volver a atravesar el desierto que ahora florece con nuevo sentido, para que triunfe la vida y los nuevos profetas y jefes sean servidores de la fidelidad a la alianza.

La profecía de la vida conforme al Evangelio

7. El tiempo de gracia que estamos viviendo, con la insistencia del Papa Francisco de poner al centro el Evangelio y la esencialidad cristiana, es para los religiosos y las religiosas una nueva llamada a la vigilancia para estar preparados a las señales de Dios. "Nuestra fe es desafiada a vislumbrar el vino en que

puede convertirse el agua".[48] Luchamos contra los ojos cargados de sueño (cf *Lc* 9,32), para no perder la capacidad de discernir los *movimientos de la nube,* que guía nuestro camino (cf *Núm* 9,17) y reconocer en los signos pequeños y frágiles la presencia del Señor de la vida y de la esperanza.

El Concilio nos ha encomendado un método: el método de la reflexión que se lleva a cabo en el mundo y en el entramado vital, en la Iglesia y en la existencia cristiana a partir de la Palabra de Dios, Dios que se revela y está presente en la historia. Reflexión sostenida por una actitud: la escucha, que se abre al diálogo, enriquece el camino hacia la verdad. Volver a *la centralidad de Cristo y de la Palabra de Dios,* como el Concilio[49] y el Magisterio sucesivo nos han invitado a hacer con insistencia,[50] de modo que bíblica y teológicamente fundado, puede ser garantía de autenticidad y de cualidad para el futuro de nuestra vida de consagrados y consagradas.

Una escucha que transforma y nos hace ser anunciadores y testigos de las intenciones de Dios en la

---

48 FRANCISCO, Exhort. ap. *Evangelii gaudium* (24 de noviembre de 2013), 84.
49 Cf CONCILIO ECUMÉNICO VATICANO II, CONCILIO ECUMÉNICO VATICANO II, Decreto sobre la adecuada renovación de la vida religiosa *Perfectae caritatis,*5; *ibidem,* Constitución dogmática sobre la divina revelación *Dei Verbum,* 21, 25.
50 Cf JUAN PABLO II, Exhort. ap. postsinodal *Vita consecrata* (25 de marzo de 1996), 84; JUAN PABLO II, Carta ap. *Novo millennio ineunte* (6 de enero de 2001), II. "Un rostro para contemplar" (16-28); III. "Caminar desde Cristo" (29-41); BENEDICTO XVI, Carta enc. *Deus caritas est* (25 de diciembre de 2005), 12-18; CONGREGACIÓN PARA LOS INSTITUTOS DE VIDA CONSAGRADA Y LAS SOCIEDADES DE VIDA APOSTÓLICA, Instrucción *Caminar desde Cristo. Un renovado compromiso de la vida consagrada en el Tercer Milenio* (19 de mayo de 2002).

historia y de su acción eficaz para la salvación. En las necesidades del hoy volvemos al Evangelio, saciemos nuestra sed en las Sagradas Escrituras, donde se encuentra la "fuente pura y perenne de la vida espiritual".[51] De hecho, como decía san Juan Pablo II: "No cabe duda de que esta primacía de la santidad y de la oración sólo se puede concebir a partir de una renovada escucha de la Palabra de Dios".[52]

Evangelio, regla suprema

8. Una de las características de la renovación conciliar para la vida consagrada ha sido el regreso radical de la *sequela Christi*: "Desde los primeros tiempos de la Iglesia nunca faltaron hombres y mujeres que, por medio de la práctica de los consejos evangélicos quisieron seguir a Cristo con mayor libertad e imitarlo de más de cerca, y condujeron, cada uno de modo específi co, una vida consagrada a Dios".[53]

Seguir a Cristo, como se propone en el Evangelio, es la "norma última de la vida religiosa" y "la regla suprema"[54] de todos los Institutos. Uno de los primeros nombres con los que ha sido denominada la vida monástica es "vida evangélica".

Las diversas expresiones de vida consagrada testimonian dicha inspiración evangélica, iniciada por

51 Cf CONCILIO ECUMÉNICO VATICANO II, Constitución dogmática sobre la divina revelación *Dei Verbum*, 21.
52 JUAN PABLO II, Carta ap. *Novo millennio ineunte* (6 de enero de 2001), 39.
53 CONCILIO ECUMÉNICO VATICANO II, Decreto sobre la adecuada renovación de la vida religiosa *Perfectae caritatis*, 1.
54 *Ibid.*, 2.

Antonio, precursor de la vida solitaria en el desierto. Su historia comienza con la escucha de la palabra de Cristo: *Si quieres ser perfecto, anda, vende tus bienes, dáselo a los pobres y tendrás un tesoro en el cielo; después sígueme* (Mt 19,21).

Después de Antonio la tradición monástica hará de la Escritura la regla de la propia vida: las primeras Reglas son sencillas normas prácticas, sin pretender contenidos espirituales, porque la única regla del monje es la Escritura, no se admiten otras reglas: "Preocupémonos de leer y de aprender las Escrituras –escribe Orsiesi, discípulo y sucesor de Pacomio– y de consagrarnos incensantemente a su meditación [...]. Las Escrituras nos guían hacia la vida eterna".[55]

Basilio, el gran maestro del monaquismo de Oriente, cuando redacta el *Asceticon*,[56] destinado a ser el manual de la vida monástica, rechaza llamarlo Regla. Su punto de referencia son los *Moralia*,[57] selección de textos bíblicos comentados y aplicados a las situaciones de la vida en *santa koinonia*. En el sistema basiliano el comportamiento de los monjes se define a través de la Palabra de Dios, el Dios que escruta corazón y riñones (cf *Ap* 2,23), siempre presente. Esta constante presencia delante del Señor, *memoria Dei*, es tal vez el elemento más específico de la espiritualidad basiliana.

En Occidente el camino se dirige hacia la misma dirección. La regla de Benito es obediencia a la Pala-

---

55 Cf *Pacomio y sus discípulos. Reglas y Escritos*, a cura de L. Cremas chi, Magnano 1988, p. 409.
56 BASILIO, Moralia (PG, 31, 692-869); *ibidem, Regulae fusiustractatae* (PG, 31, 889-1052).
57 *Ibidem, In Regulas Brevius tractatae* (PG, 31, 1052-1305).

bra de Dios: "Escuchamos la voz de Dios que cada día nos dirige...".[58] *Escucha, hijo*:[59] es la *overture* de la *Regula Benedicti*, porque en la escucha llegamos a ser hijos y discípulos, acogiendo la Palabra nos convertimos nosotros mismos en palabra.

En el siglo XII, Esteban de Muret, fundador de la Orden de Grandmont, expresa de manera eficaz este echar raíces en el Evangelio: "Si alguien os pregunta de qué profesión o de qué regla o de qué orden sois, responded que sois de la regla primera y principal de la religión cristiana, es decir del Evangelio, fuente y principio de todas las reglas, no hay otra regla más que el Evangelio".[60]

El surgir de las Órdenes Mendicantes convierte en más radical todavía, si esto es posible, el regreso al Evangelio. Domingo, "en todo lugar se manifestaba como un hombre evangélico, tanto en sus palabras como en sus gestos":[61] él era un Evangelio vivo, capaz de anunciar lo que vivía, y quería que también sus predicadores fueran "hombres evangélicos".[62]

---

58 BENITO, *Regla, Prólogo*,9.
59 *Ibid. Prólogo*,1.
60 *Reglas monásticas de Occidente*, Magnano 1989, pp. 216-217.
61 *Libellus* 104, in P. LIPPINI, *San Domenico visto dai suoi contemporanei*, Edizioni Studio Domenicano, Bologna 1982, p. 110.
62 *Primeras constituciones* o *"Consuetudines"*, 31. Por esto "a menudo, tanto verbalmente como por carta, ponía en guardia y exhortaba a sus hermanos de la Orden a estudiar continuamente el Nuevo y el Antiguo Testamento [...] Él además llevaba siempre consigo el Evangelio de Mateo y las Cartas de Pablo y las estudiaba tanto que las sabía casi de memoria" (Declaración de Fra Giovanni di Spagna, en *Domenico di Gusmán. Il carisma della predicazione*, introducción de P. Lippini, EDB, Padova 1993, p. 143).

Para Francisco de Asís la Regla es "la vida del Evangelio de Jesucristo";[63] para Clara de Asís: "La Forma de vida del Orden de las Hermanas pobres [...] consiste en: 'Observar el Santo Evangelio del Señor nuestro Jesucristo'".[64] En la Regla de los Carmelitas el precepto fundamental es "meditar día y noche la Ley del Señor", para traducirlo en la acción concreta: "Todo lo que debéis hacer, hacedlo en la palabra del Señor".[65]

Dicho fundamento, común a tantas familias religiosas, permanece inmutable a través de los siglos.

En tiempos más recientes, Santiago Alberione afirmaba que la Familia Paulina "aspira a vivir integralmente el Evangelio de Jesucristo",[66] mientras la Hermanita Magdeleine: "Tenemos que construir una cosa nueva. Una cosa nueva que es antigua, que es el auténtico cristianismo de los primeros discípulos de Jesús. Es necesario que retomemos el Evangelio palabra por palabra".[67] Cada carisma de vida consagrada se radica en el Evangelio. La pasión por la Palabra bíblica en muchas de las nuevas comunidades que florecen hoy en toda la Iglesia es evidente y significativa.

---

63 *Regola non bollata,* Titolo: FF 2,2. La Regola bollata inicia con el mismo tenor: "La Regla y la vida de los hermanos menores es esta, es decir, observar el Santo Evangelio del Señor nuestro Jesucristo..." (I, 2: FF 75).
64 Regla I, 1-2: FF 2750.
65 Regla del Carmelo, cc. 10 y 19: cf B. SECONDIN, *Una fraternità orante e profetica in un mondo che cambia. Rileggere la Regola del Carmelo oggi,* Perugia 2007, pp. 8 y 11.
66 G. ALBERIONE, *"Abundantes divitiae gratiae suae". Historia carismática de la Familia Paulina,* Roma 1977, n. 93.
67 HERMANITA MAGDELEINE, *Il padrone dell'impossibile,* Casale Monferrato 1994, p. 201.

Volver al Evangelio suena hoy como una provocación, que nos reconduce a la fuente de toda vida arraigada en Cristo. Una fuerte invitación a realizar un camino hacia el origen, en el lugar donde nuestra vida se realiza, donde toda Regla y norma encuentra inteligencia y valor.

El Santo Padre ha exhortado muchas veces a fiarnos y a encomendarnos a esta dinámica vital: "os invito, sobre todo, a no dudar jamás del dinamismo del Evangelio y tampoco de su capacidad de convertir los corazones a Cristo resucitado y conducir a las personas a lo largo del camino de la salvación que esperan en lo más profundo de sí mismas".[68]

Formación: Evangelio y cultura

9. Es un imperativo formar en el Evangelio y en sus exigencias. En esta perspectiva, estamos invitados a llevar a cabo una revisión específica del modelo formativo que acompaña a los consagrados y especialmente a las consagradas en el camino de la vida. Tiene carácter urgente la formación espiritual, muy a menudo limitada casi sólo a simple acompañamiento psicológico o a ejercicios de piedad estandarizados.

La pobreza repetitiva de contenidos vagos bloquea a los candidatos en niveles de maduración humana infantiles y dependientes. La rica variedad de las vías seguidas y propuestas por los autores espirituales

68 FRANCISCO, *Discurso* del Santo Padre Francisco a los obispos de la Conferencia Episcopal de Madagascar en visita *"Ad limina apostolorum"* Roma (28 de marzo de 2014).

permanece casi desconocida por lectura directa, o se recuerda sólo de forma fragmentaria. Es indispensable vigilar para que el patrimonio de los Institutos no se reduzca a esquemas apresurados, distantes del impulso vital de los orígenes, porque esto no introduce adecuadamente en la experiencia cristiana y carismática.

En un mundo en el que la secularización se ha convertido en ceguera selectiva respecto a lo sobrenatural y los hombres han perdido las huellas de Dios,[69] estamos invitados a redescubrir y estudiar las verdades fundamentales de la fe.[70] Quien presta el servicio de la autoridad está llamado a favorecer a todos los consagrados y las consagradas un conocimiento fundado y coherente de la fe cristiana, acompañado por un nuevo amor al estudio. San Juan Pablo II exhortaba: "la vida consagrada necesita también en su interior un *renovado amor por el empeño cultural*, una dedicación al estudio".[71]

Es motivo de gran pena que dicho imperativo no sea siempre acogido y menos aún recibido como exi-

---

69 Cf JUAN PABLO II, Exhort. ap. postsinodal *Vita consecrata* (25 de marzo de 1996), 85.

70 Puede ser útil a tal fin leer y asimilar el *Catecismo de la Iglesia Católica*, que presenta una síntesis sistemática y orgánica, de la que emerge la riqueza de la enseñanza que la Iglesia ha acogido, guardado y ofrecido. "Desde la Sagrada Escritura a los Padres de la Iglesia, de los Maestros de teología a los Santos de todos los siglos, el Catecismo ofrece una memoria permanente de los diferentes modos en que la Iglesia ha meditado sobre la fe y ha progresado en la doctrina, para dar certeza a los creyentes en su vida de fe". BENEDICTO XVI, Carta ap. en forma de *motu proprio Porta fidei* con el que se convoca el Año de la Fe (11 de octubre de 2011), 11.

71 JUAN PABLO II, Exhort. ap. postsinodal *Vita consecrata* (25 de marzo de 1996), 98.

gencia de reforma radical para los consagrados y, especialmente, para las mujeres consagradas.

La debilidad y fragilidad que sufre este sector nos obliga a reafirmar fuertemente y recordar la necesidad de la formación continua para una auténtica vida en el Espíritu y para mantenerse abiertos mentalmente y coherentes en el camino de crecimiento y de fidelidad.[72] No falta ciertamente, en líneas generales, una adhesión formal a dicha urgencia y se constata un enorme estudio científico sobre el tema, pero en realidad la práctica que le sigue es frágil, pobre y a menudo, incoherente, caótica y desinteresada.

"Testigo del Evangelio –recuerda el Papa Francisco– es uno que ha encontrado a Jesucristo, que lo ha conocido, o mejor, se ha sentido conocido por Él, reconocido, respetado, amado, perdonado y este encuentro le ha tocado en lo más profundo, le ha llenado de alegría nueva, un nuevo significado para la vida. Y esto trasluce, se comunica, se transmite a los demás".[73]

La Palabra, fuente genuina de espiritualidad de la que extraer el supremo conocimiento de Cristo Jesús (*Flp* 3,8), debe habitar lo cotidiano de nuestra vida. Sólo así su potencia (cf *1Tes* 1,5) podrá penetrar en la fragilidad de lo humano, fermentar y edificar los lugares de vida común, rectificar los pensamientos, los afectos, las decisiones, los diálogos entretejidos en los espacios fraternos. Siguiendo el ejemplo de María,

---

72 Cf *Ibid.*, 71.
73 FRANCISCO, *Discurso* a los participantes al Movimiento Apostólico Ciegos (MAC) y a la Pequeña Misión para los sordomudos, Roma (29 de marzo de 2014).

la escucha de la Palabra debe convertirse en aliento de vida en cada instante de la existencia. Nuestra vida de este modo confluye en la unidad de pensamiento, se reanima en la inspiración por una renovación constante, fructífera en la creatividad apostólica.[74]

El apóstol Pablo pedía al discípulo Timoteo que buscara la fe (cf *2Tim* 2,22) con la misma constancia que cuando era niño (cf *2Tim* 3,15), en primer lugar permaneciendo firme en lo que había aprendido, es decir en las sagradas Escrituras: *Toda Escritura está inspirada por Dios y es útil para enseñar, argüir, encaminar e instruir en la justicia. Con lo cual el hombre de Dios estará formado y capacitado para toda clase de obras buenas* (*2Tim* 3,16-17). Escuchamos esta invitación como dirigida a nosotros para que nadie se vuelva perezoso en la fe (cf *Heb* 6,12). Ella es la compañera de vida que nos permite percibir con ojos siempre nuevos las maravillas que Dios realiza por nosotros y nos orienta hacia una respuesta obediente y responsable.[75]

El Evangelio, la norma ideal de la Iglesia y de la vida consagrada, debe representar su normalidad en la práctica, su estilo y su modo de ser. Este es el reto que propone el Papa Francisco. Invitando a un nuevo equilibrio eclesiológico entre la Iglesia como *cuerpo jerárquico* y la Iglesia como *Cuerpo de Cristo*, nos ofrece los elementos para realizar esta operación, que puede producirse sólo *in corpore vivo* de la Iglesia, y por tanto

74 CONGREGACIÓN PARA LOS INSTITUTOS DE VIDA CONSAGRADA Y LAS SOCIEDADES DE VIDA APOSTÓLICA Instrucción *Caminar desde Cristo. Un renovado compromiso de la vida consagrada en el Tercer Milenio.* (19 de mayo de 2002), 22.
75 Cf BENEDICTO XVI, Carta ap. en forma de *motu proprio Porta fidei* con la que se convoca el Año de la Fe (11 de de octubre de 2011),15.

dentro y a través de nosotros. Evangelizar no significa llevar un mensaje reconocido útil por el mundo, ni una presencia que se impone, ni una visibilidad que ofende, ni un esplendor que ciega, sino el anuncio de *Jesucristo esperanza en nosotros* (cf *Col* 1,27-28), hecho con *palabras de gracia* (*Lc* 4,22), con una *conducta buena entre los hombres* (*1Pe* 2,12) y con *la fe que obra por medio del amor* (*Gal* 5,6).

La profecía de la vigilancia

10. Como conclusión de las sesiones conciliares, el Papa Pablo VI –con mirada profética– despedía a los Obispos reunidos en Roma, uniendo tradición y futuro: "En esta asamblea universal, en este punto privilegiado del tiempo y del espacio convergen a la vez el pasado, el presente y el porvenir. El pasado, porque está aquí reunida la Iglesia de Cristo, con su tradición, su historia, sus concilios, sus doctores, sus santos. El presente, porque nos separamos para ir al mundo de hoy, con sus miserias, sus dolores, sus pecados, pero también con sus prodigiosos éxitos, sus valores, sus virtudes... El porvenir está allí, en fin, en el llamamiento imperioso de los pueblos para una mayor justicia, en su voluntad de paz, en su sed, consciente o inconsciente, de una vida más elevada: la que precisamente Cristo puede y quiere darles...".[76]

El Papa Francisco nos anima con pasión a proseguir con paso veloz y alegre el camino:

76 PABLO VI, *Mensaje* a los Padres del Concilio con la ocasión de la Clausura del Concilio Vaticano II, Roma (8 de diciembre de 1965).

"Guiados por el Espíritu, nunca rígido, nunca cerrados, siempre abiertos a la voz de Dios que habla, que abre, que conduce, que nos invita a ir hacia el horizonte".[77]

¿Qué tierras estamos habitando y qué horizontes se nos ha dado escrutar?

El Papa Francisco llama a acoger el hoy de Dios y sus *novedades*, nos invita a las "sorpresas de Dios"[78] en la fidelidad, sin miedo ni resistencias, para "ser profetas que dan testimonio de cómo Jesús ha vivido en esta tierra, que anuncian cómo será en su perfección el Reino de Dios. Jamás un religioso debe renunciar a su profecía".[79]

Resuena para nosotros la invitación a seguir en el camino llevando en el corazón las esperanzas del mundo. Percibimos la ligereza y el peso, mientras escrutamos la imprevisible llegada de la nubecita. Humilde germen de una Noticia que no se puede callar.

La vida religiosa vive un periodo de exigentes cambios y de necesidades nuevas. La crisis es el estado en el que se es llamado al ejercicio evangélico del discernimiento, es la oportunidad de elegir con sabiduría– como el escriba, *que extrae del tesoro cosas nuevas y cosas antiguas* (cf Mt 13,52)– mientras recordamos que la

---

77 FRANCISCO, *Homilía* para la Fiesta de la Presentación del Señor – XVIII Jornadas Mundiales de la vida consagrada, Roma (2 de febrero de 2014).

78 FRANCISCO, *Homilía* en la Vigilia de la Noche Santa, Roma (30 de marzo de 2013): "¡Nos asustan las sorpresas de Dios! ¡Él nos sorprende siempre! Hermanos y hermanas, no nos cerremos a la novedad que Dios quiere traer a nuestra vida".

79 A. SPADARO, *"¡Despierten el mundo!".* Coloquio del Papa Francisco con los Superiores Generales, en La Civiltà Cattolica, 165 (2014/I), 7.

historia siente la tentación de conservar más de aquello que un día podrá ser utilizado. Corremos el riesgo de conservar "memorias" sacralizadas que vuelven menos cómoda la salida de la *cueva* de nuestras seguridades. El Señor nos ama *con amor perenne* (cf *Is* 54,8): dicha confianza nos llama a la libertad.

Unidos para escrutar el horizonte

11. Una disimulada *acedia (ajkhdiva)* desgana, a veces nuestro espíritu, ofusca la visión, agota las decisiones y entorpece los pasos, conjugando la identidad de la vida consagrada en un modelo envejecido y autorreferencial, en un horizonte breve: "se desarrolla la psicología de la tumba, que poco a poco convierte a los cristianos en momias de museo".[80] Contra esta inercia del espíritu y de la acción, contra esta desmotivación que entristece y apaga ánima y voluntad, ya Benedicto XVI exhortó: "No os unáis a los profetas de desventuras que proclaman el final o el sinsentido de la vida consagrada en la Iglesia de nuestros días; más bien revestíos de Jesucristo y portad las armas de la luz –como exhortaba san Pablo (cf *Rm* 13, 11-14)–, permaneciendo despiertos y vigilantes. San Cromacio de Aquileya escribía: "Que el Señor aleje de nosotros tal peligro, que jamás nos dejemos apesadumbrar por el sueño de la infidelidad; que nos conceda su gracia y su misericordia para que podamos velar siempre en

---

80 FRANCISCO, Exhort. ap. *Evangelii gaudium* (24 de noviembre de 2013), 83.

la fidelidad a Él. En efecto, nuestra fidelidad puede velar en Cristo" (Sermón 32,4)".[81]

La vida religiosa está atravesando un vado, pero no puede quedarse en el definitivamente. Estamos llamados a pasar al otro lado –*Iglesia en salida*, es una de las expresiones típicas del Papa Francisco– como *kairós* que exige renuncias, nos pide dejar lo que se conoce y emprender un largo camino difícil, como Abrahán hacia la tierra de Canaán (cf *Gén* 12,1-6), como Moisés hacia una tierra misteriosa, conectada con los patriarcas (cf *Éx* 3,7-8) con Elías hacia Sarepta de Sidón: todos hacia tierras misteriosas vislumbradas sólo en la fe.

No se trata de responder a la pregunta si lo que hacemos es bueno: el discernimiento mira hacia horizontes que el Espíritu sugiere a la Iglesia, interpreta el murmullo de las estrellas de la mañana sin salidas de emergencia, ni atajos improvisados, se deja guiar a cosas grandes a través de señales pequeñas y frágiles, poniendo en juego débiles recursos. Estamos llamados a una obediencia común que se vuelve fe en el hoy para continuar juntos con "el coraje de echar las redes con la fuerza de su palabra (cf *Lc* 5,5) y no de motivaciones sólo humanas".[82]

La vida consagrada alimenta la esperanza de la promesa, está llamada a seguir el camino sin dejarse condicionar por lo que se queda atrás: *Yo no pienso*

81 BENEDICTO XVI, *Homilía* para la Fiesta de la Presentación del Señor – XVII Jornada Mundial de la vida consagrada, Roma (2 de febrero de 2013).
82 CONGREGACIÓN PARA LOS INSTITUTOS DE VIDA CONSAGRADA Y LAS SOCIEDADES DE VIDA APOSTÓLICA, Instrucción *El servicio de la autoridad y la obediencia. Faciem tuam, Domine, requiram* (11 de mayo de 2008), 11.

tenerlo todo ya conseguido. Únicamente, olvidando lo que queda atrás, me esfuerzo por lo que hay por delante (Flp 3,13-14). La esperanza no se construye en base a nuestras fuerzas o nuestros números, sino por los dones del Espíritu: la fe, la comunión, la misión. Los consagrados son un pueblo liberado por la profesión de los consejos del Evangelio dispuesto a mirar en la fe más allá del presente, invitado a "ampliar la mirada para reconocer un bien mayor que nos beneficiará a todos".[83]

La meta de este camino está marcada por el ritmo del Espíritu, no es una tierra desconocida. Se abren delante de nuestro caminar nuevas fronteras, realidades nuevas, otras culturas, necesidades diversas, suburbios.

Imitando el juego en equipo del profeta Elías y de su siervo, es necesario recogerse en oración con un sentido de pasión y compasión por el bien del pueblo que vive en contextos desorientados y a menudo dolorosos. Urge también el servicio generoso y paciente del siervo, que sube a escrutar hacia el mar, hasta percibir la pequeña "señal" de una historia nueva, de una "lluvia grande". La brisa tenue se puede identificar hoy con tantos deseos inquietos de nuestros contemporáneos, que buscan interlocutores sabios, pacientes compañeros de camino, capaces de acogida a corazón abierto, facilitadores y no controladores de la gracia, para nuevas épocas de fraternidad y salvación.[84]

---

83 FRANCISCO, Exhort. ap. *Evangelii gaudium* (24 de noviembre de 2013), 235.
84 *Ibid.* 47.

Un guía "detrás del pueblo"

12. Es indispensable, al mismo tiempo, que el éxodo lo realicemos juntos, guiados con sencillez y claridad por quien sirve con autoridad buscando el rostro del Señor como prioridad. Invitamos a quien ha sido llamado a dicho servicio a ejercitarlo obedeciendo al Espíritu, con denuedo y constancia, para que la complejidad y la transición se puedan gestionar y no se pare o se frene el paso.

Exhortamos a una guía que no deje las cosas como están,[85] que aleje "la tentación de dejar pasar y considerar inútil cualquier esfuerzo por mejorar la situación. Asoma, entonces, el peligro de convertirse en gestores de la rutina, resignados a la mediocridad, inhibidos para intervenir, sin ánimo para señalar las metas de la auténtica vida consagrada y con el riesgo de que se apague el amor de los comienzos y el deseo de testimoniarlo".[86]

Corre el tiempo de las pequeñas cosas, de la humildad que sabe ofrecer pocos panes y dos peces a la bendición de Dios (cf *Jn* 6,9), que sabe entrever en la *nubecilla como la palma de una mano* la llegada de la lluvia. No estamos llamados a una guía preocupada y administrativa, sino a un servicio de autoridad que oriente con claridad evangélica el camino que tenemos que realizar juntos y con los corazones unidos, dentro de un presente frágil en el que ya el futuro se está gene-

---

85 *Ibid*, 47.
86 CONGREGACIÓN PARA LOS INSTITUTOS DE VIDA CONSAGRADA Y LAS SOCIEDADES DE VIDA APOSTÓLICA, Instrucción *El servicio de la autoridad y la obediencia. Faciem tuam, Domine, requiram* (11 de mayo de 2008), 28.

rando. No nos sirve una "simple administración",[87] es más bien necesario "caminar detrás del pueblo para ayudar a los rezagados y, sobre todo, porque el rebaño mismo tiene su olfato para encontrar nuevos caminos".[88]

Una guía que acoja y anime con ternura empática la mirada de los hermanos y las hermanas, incluso la de aquellos que caminan con dificultad o frenan la marcha, ayudándoles a superar prisas, miedos y actitudes de renuncia. Puede ser que alguien vuelva al pasado, quien con nostalgia subraya las diferencias, quien rumia en silencio o plantea dudas sobre la escasez de medios, recursos, personas. "No nos quedemos anclados en la nostalgia de estructuras y costumbres que ya no son cauces de vida en el mundo actual".[89]

Se puede oír el eco del siervo de Elías que repite, escrutando el horizonte: ¡No se ve nada! (1Re 18,43). Estamos llamados a la gracia de la paciencia, a esperar y volver a escrutar el cielo hasta siete veces, todo el tiempo necesario, para que el camino de todos no se detenga por la indolencia de algunos. *Me hice débil con los débiles para ganar a los débiles. Me hice todo a todos para salvar como sea a algunos. Y todo lo hago por la buena noticia, para participar de ella* (1Cor 9,22-23).

Se nos done el saber orientar el camino fraterno hacia la libertad según los ritmos y los tiempos de Dios. Escrutar juntos el cielo y vigilar significa estar todos llamados –personas, comunidad, institutos– a

87 Cf FRANCISCO, Exhort. ap. *Evangelii gaudium* (24 de noviembre de 2013), 25.
88 *Ibid.*, 31.
89 FRANCISCO, Exhort. ap. *Evangelii gaudium* (24 de noviembre de 2013), 108.

la obediencia para "entrar en "otro" orden de valores, captar un sentido nuevo y diferente de la realidad, creer que Dios ha pasado también cuando no ha dejado huellas visibles, pero lo hemos percibido como voz de *silencio sonora* que[90] nos lleva a experimentar una libertad imprevisible, para tocar los umbrales del misterio: "Porque mis planes no son vuestros planes, vuestros caminos no son mis caminos, oráculo del Señor (*Is* 55,8)".[91]

En este éxodo que asusta a la lógica humana –que exigiría metas claras y caminos experimentados– resuena una pregunta: ¿quién robustecerá *las rodillas vacilantes?* (cf *Is* 35,3)

La acción del Espíritu en situaciones complejas y bloqueadas se hace presente en el corazón como el que simplifica e indica prioridades y da sugerencias para llegar hacia las metas a las que nos quiere conducir. Es oportuno partir siempre de los soplidos de alegría del Espíritu, él *intercede por nosotros con gemidos inarticulados* [...] *por los consagrados de acuerdo con Dios* (*Rm* 8,26-27). "Pero no hay mayor libertad que la de dejarse llevar por el Espíritu, renunciar a calcularlo y controlarlo todo, y permitir que Él nos ilumine, nos guíe, nos oriente, nos impulse hacia donde Él quiera. Él sabe bien lo que hace en cada época y en cada momento. ¡Esto se llama ser misteriosamente fecundos!".[92]

90 Traducción más literal respecto a *brisa ligera* de *1Re* 19,12.
91 CONGREGACIÓN PARA LOS INSTITUTOS DE VIDA CONSAGRADA Y LAS SOCIEDADES DE VIDA APOSTÓLICA, Instrucción *El servicio de la autoridad y la obediencia. Faciem tuam, Domine, requiram* (11 de mayo de 2008), 7.
92 FRANCISCO, Exhort. ap. *Evangelii gaudium* (24 de noviembre de 2013), 280.

La mística del encuentro

13. "Como 'centinelas' que mantienen vivo en el mundo el deseo de Dios y lo despiertan en el corazón de tantas personas con sed de infinito",[93] estamos invitados a ser buscadores y testigos de proyectos de Evangelio visibles y vitales. Hombres y mujeres de fe fuerte, pero también con capacidad de empatía, de cercanía, de espíritu creativo y creador, que no pueden limitar ni el espíritu, ni el carisma en las rígidas estructuras, ni en el miedo a abandonarlas.

El Papa Francisco nos invita a vivir la "mística del encuentro": "La capacidad de escuchar, de escuchar a las demás personas. La capacidad de buscar juntos el camino, el método [...] y significa también no asustarse, no asustarse de las cosas".[94] "Si cada uno de vosotros es para los demás –continúa el Santo Padre–, una posibilidad preciosa de encuentro con Dios, se trata de redescubrir la responsabilidad de ser profecía como comunidad, de buscar juntos, con humildad y con paciencia, una palabra de sentido que puede ser un don y testimoniarla con sencillez. Vosotros sois como antenas dispuestas a acoger los brotes de novedad suscitados por el Espíritu Santo, y podéis ayudar a la comunidad eclesial a asumir esta mirada de bien y encontrar sendas nuevas y valientes para llegar a todos".[95]

93 FRANCISCO, *Discurso* a los Obispos de la Conferencia Episcopal de México en visita *ad limina apostolorum*, Roma (19 de mayo de 2014).
94 FRANCISCO, *Discurso a los Rectores y a los alumnos de los Pontificios Colegios y Residencias sacerdotales de Roma*, Roma (12 de mayo de 2014).
95 FRANCISCO, *Audiencia* a los participantes al encuentro promo vido por la Conferencia Italiana de los Institutos Seculares, Roma (10 de mayo de 2014).

Un paradigma conciliar ha sido *la preocupación por el mundo y por el hombre*. Dado que el hombre –no el hombre abstracto, sino el hombre concreto– "este hombre es el primer camino que la Iglesia debe recorrer en el cumplimiento de su misión"[96] el compromiso con los hombres y las mujeres de nuestro tiempo sigue siendo prioritario para nosotros. Un empeño que es el de siempre pero con renovada fantasía: en la educación, en la sanidad, en la catequesis, en el acompañamiento constante del hombre y sus necesidades, sus aspiraciones y sus extravíos. El hombre en su corporeidad, en su realidad social es el camino de la evangelización. La vida consagrada se ha desplazado a las afueras de las ciudades, llevando a cabo un auténtico "éxodo" hacia los pobres, dirigiéndose hacia el mundo de los abandonados. Debemos reconocer la generosidad ejemplar, pero también que no han faltado tensiones y riesgos de ideologización, sobre todo en los primeros años después del Concilio.

"La antigua historia del samaritano –decía Pablo VI en el discurso de clausura del Concilio– fue el paradigma de la espiritualidad del Concilio. Un sentimiento de simpatía sin límites lo impregnó todo. El descubrimiento de las necesidades humanas –y son tanto mayores cuanto más grande se hace el hijo de la tierra– ha absorbido la atención de nuestro Sínodo. Vosotros, humanistas modernos, que renunciáis a la trascendencia de las cosas supremas, conferidle siquiera este mérito y reconoced nuestro nuevo huma-

---

96 JUAN PABLO II, Carta enc. *Redemptor hominis* (4 de marzo de 1979), 14.

nismo: también nosotros, y más que nadie, somos promotores del hombre".[97]

Nuestra misión se sitúa en la perspectiva de esta "simpatía", en la perspectiva de la centralidad de la persona que sabe empezar desde lo humano. Hacer emerger toda la riqueza y verdad de humanidad que el encuentro con Cristo exige y favorece, al mismo tiempo nos introduce en la comprensión de que los recursos eclesiales son importantes en cuanto recursos de verdadera humanidad y de *promoción humana*.[98] Pero ¿qué hombre y qué mujer se nos presentan? ¿Cuáles son los retos y las renovaciones necesarias para una vida consagrada que quiera vivir con el mismo "estilo" del Concilio, es decir en actitud de diálogo y de solidaridad, de profunda y auténtica "simpatía" con los hombres y las mujeres de hoy y su cultura, su íntimo "sentir", su autoconciencia, sus coordenadas morales?

Movidos por el Espíritu de Cristo estamos llamados a reconocer lo que es verdaderamente humano. Nuestra acción, si no, se limita a una identidad social, parecida a una pía ONG, como ha repetido en diversas ocasiones el Papa Francisco,[99] dirigida a construir una sociedad más justa, pero secularizada, cerrada a la trascendencia, y en definitiva, ni siquiera justa. Los objetivos de la promoción social debemos situarlos en

---

97 PABLO VI, *Alocución* con ocasión de la última sesión pública del Concilio Vaticano II, Roma (7 de diciembre de 1965).
98 Cf SAGRADA CONGREGACIÓN PARA LOS RELIGIOSOS Y LOS INSTITUTOS SECULARES, *Religiosos y promoción humana*.
99 Cf FRANCISCO, *Homilía en la Santa Misa con los Cardenales*, Roma (14 de marzo de 2013).

el horizonte que evidencie y cuide el testimonio del Reino y la verdad de lo humano.

En nuestro tiempo, dominado por una comunicación invasiva y global y, al mismo tiempo, incapaz de comunicar con autenticidad, la vida consagrada está llamada a ser signo de la posibilidad de relaciones humanas acogedoras, transparentes y sinceras. La Iglesia, en la debilidad y en la soledad enajenante y autorreferencial del humano, cuenta con la fraternidad "rica de gozo y de Espíritu Santo" (*Hch* 13,52).[100] *"Specialis caritatis schola"*,[101] la vida consagrada, en sus múltiples formas de fraternidad, está modelada por el Espíritu Santo, porque "donde está la comunidad, allí está también el Espíritu de Dios; y donde está el Espíritu de Dios, allí está también la comunidad y toda gracia".[102]

Apreciamos la fraternidad como lugar rico de misterio y "espacio teologal en el que se puede experimentar la presencia mística del Señor resucitado".[103] Se percibe una diferencia entre este misterio y la vida cotidiana: estamos invitados a pasar de la forma de vida en común a la gracia de la fraternidad. De la forma *communis* a la relación humana en la forma evangélica en virtud de la caridad de Dios que se infunde en nuestro corazón por medio del Espíritu Santo (cf *Rom* 5,5).

---

100 Cf JUAN PABLO II, Exhort. ap. postsinodal *Vita consecrata* (25 de marzo de 1996), 45.
101 GUGLIELMO DI SAINT–THIERRY, *De Natura et dignitate amoris*, 9, 26.
102 IRENEO De LYON, *Contra las herejías* III, 24, I.
103 JUAN PABLO II, Exhort. ap. postsinodal *Vita consecrata* (25 de marzo de 1996), 42; cf CONCILIO ECUMÉNICO VATICANO II, Decreto sobre la adecuada renovación de la vida religiosa *Perfectae caritatis*, 15.

El Papa Francisco nos recuerda: "Me duele tanto comprobar cómo en algunas comunidades cristianas, y aun entre personas consagradas, consentimos diversas formas de odio, divisiones, calumnias, difamaciones, venganzas, celos, deseos de imponer las propias ideas a costa de cualquier cosa, y hasta persecuciones que parecen una implacable caza de brujas. ¿A quién queremos evangelizar con estos comportamientos? [...] Nadie se salva solo, esto es, ni como individuo aislado ni por sus propias fuerzas. Dios nos atrae teniendo en cuenta la compleja trama de relaciones interpersonales que supone la vida en una comunidad humana".[104]

Estamos llamados entonces a reconocernos como fraternidad abierta a la complementariedad del encuentro en la relación entre las diferencias, para proceder unidos: "Una persona que conserva su peculiaridad personal y no esconde su indentidad –exhorta el Papa Francisco– cuando se integra cordialmente en una comunidad, no se anula sino que recibe siempre nuevos estímulos para su propio desarrollo".[105] El estilo del "diálogo" que es "mucho más que la comunicación de una verdad. Se realiza por el gusto de hablar y por el bien concreto que se comunica entre los que se aman por medio de las palabras. Es un bien que no consiste en cosas, sino en las personas mismas que mutuamente se dan en el

104 FRANCISCO, Exhort. ap. *Evangelii gaudium* (24 de noviembre de 2013), 100, 113.
105 *Ibid*, 235; cf 131.

diálogo".[106] Recordando que "el clima del diálogo es la amistad. Más todavía, el servicio".[107]

Nuestras fraternidades sean lugares en los que el misterio de lo humano toca el misterio divino en la experiencia del Evangelio. Son dos los "lugares" en los que, de manera privilegiada, el Evangelio se manifiesta, toma cuerpo, se dona: la familia y la vida consagrada. En el primer lugar el Evangelio entra en la cotidianidad y muestra su capacidad de transfigurar la vida real en el horizonte del amor. El segundo signo, icono de un mundo futuro que relativiza todo bien de este mundo, se crea un lugar secundario y simétrico al primero, mientras se muestra anticipadamente el cumplimiento del camino de la vida y se vuelven relativas a la comunidad final con Dios todas las experiencias humanas, incluso las más exitosas.[108]

Llegamos a ser "lugar del Evangelio" cuando aseguramos para nosotros y favorecemos a todos el espacio del cuidado de Dios, impedimos que todo el tiempo se llene de cosas, de actividades, de palabras. Somos lugares de Evangelio cuando somos mujeres y hombres de deseo: la espera de un encuentro, de una reunión, de una relación. Por eso es esencial que nuestros ritmos de vida, los ambientes de nuestra fraternidad, todas nuestras actividades se conviertan en espacios de cuidado de una "ausencia", que es presencia de Dios. "La comunidad sostiene todo el apostolado. A veces las comuni-

106 *Ibid*, 142.
107 PABLO VI, Carta. enc. *Ecclesiam Suam* (6 de agosto de 1964), 90; cf FRANCISCO, *Audiencia* a los participantes al encuentro promovido por la Conferencia Italiana de los Institutos Seculares, Roma (10 de mayo de 2014).
108 Cf XIII ASAMBLEA GENERAL ORDINARIA DEL SÍNODO DE LOS OBISPOS, *Mensaje al pueblo de Dios*, 7-28 de octubre de 2012, n. 7.

dades religiosas atraviesan tensiones, con el riesgo de individualismo y de la dispersión, en cambio se necesita una comunicación profunda y relaciones auténticas. La fuerza humanizadora del Evangelio es testimoniada por la fraternidad vivida en comunidad, hecha de acogida, respeto, ayuda mutua, comprensión, cortesía, perdón y alegría".[109] La comunidad así se convierte en casa en la que se vive la diferencia evangélica. El estilo del Evangelio, humano y sobrio, se manifiesta en la búsqueda que aspira a la transfiguración; en el celibato por el Reino; en el estudio y en la escucha de Dios y de su Palabra: obediencia que evidencia la diferencia cristiana. Signos claros en un mundo que vuelve a buscar lo más esencial.

La comunidad que sentada en torno a la mesa y reconoce Cristo al partir el pan (cf *Lc* 24,13 35) es también lugar en el que cada uno reconoce su fragilidad. La fraternidad no produce la perfección de las relaciones, pero acoge el límite de todos y lo lleva en el corazón y en la oración como herida infligida al mandamiento del amor (cf *Jn* 13,31-35): lugar donde el misterio pascual obra la curación y acrecienta la unidad. Acontecimiento de gracia invocado y recibido por los hermanos y hermanas que están juntos no por elección sino por llamada, experiencia de la presencia del Resucitado.

La profecía de la mediación

14. Las familias religiosas nacieron para inspirar caminos nuevos, para ofrecer recorridos impensables

---

109 FRANCISCO, *Discurso* a los participantes al Capítulo General de la Sociedad Salesiana de San Juan Bosco (Salesianos), Roma (31 de marzo de 2014).

o responder ágilmente a necesidades humanas y del espíritu. Puede suceder que con el tiempo la institucionalización se cargue de "prescripciones que resultan anticuadas",[110] y las exigencias sociales conviertan las respuestas evangélicas en respuestas que se basan en una eficiencia y una racionalidad "de empresa". Puede suceder que la vida religiosa pierda la reputación, la audacia carismática y la parresia evangélica, porque se sienta atraída por luces extrañas a su identidad.

El Papa Francisco nos invita a la fidelidad creativa, a las sorpresas de Dios: "Jesucristo también puede romper los esquemas aburridos en los cuales pretendemos encerrarlo y nos sorprende con su constante creatividad divina. Cada vez que intentamos volver a la fuente y recuperar la frescura original del Evangelio, brotan nuevos caminos, métodos creativos, otras formas de expresión, signos más elocuentes, palabras cargadas de renovado significado para el mundo actual. En realidad, toda auténtica acción evangelizadora es siempre 'nueva'".[111]

En la encrucijada del mundo

15. El Espíritu nos llama a moldear el *servitium caritatis* según el sentir de la Iglesia. La caridad "se ocupa de la construcción de la 'ciudad del hombre' según el derecho y la justicia. Así mismo, la caridad supera la

110 CONCILIO ECUMÉNICO VATICANO II, Decreto sobre la adecuada renovación de la vida religiosa *Perfectae caritatis*, 3.
111 FRANCISCO, Exhort. ap. *Evangelii gaudium* (24 de noviembre de 2013), 11.

justicia y la completa siguiendo la lógica de la entrega y del perdón. La 'ciudad del hombre' no se promueve sólo con relaciones entre derechos y deberes sino, antes y más aún, con relaciones de gratuidad, de mi sericordia y de comunión",[112] y el Magisterio nos introduce a una comprensión más amplia: "El riesgo de nuestro tiempo es que la interdependencia de hecho entre los hombres y los pueblos no se corresponda con la interacción ética de la conciencia y el intelecto, de la que pueda resultar un desarrollo realmente humano. Sólo con la *caridad, iluminada por la luz de la razón y de la fe*, es posible conseguir objetivos de desarrollo con un carácter más humano y humanizador".[113]

Otras coordenadas del espíritu nos llaman a reforzar bastiones en los que el pensamiento y el estudio puedan custodiar la identidad humana y su rostro de gracia en el flujo de las conexiones digitales y del mundo de los *network*, que expresan una condición real y espiritual del hombre contemporáneo. La tecnología infunde y al mismo tiempo comunica necesidades y estimula deseos que el hombre ha concebido desde siempre: estamos llamados a habitar estas *tierras inexploradas* para narraros el Evangelio. "Hoy, que las redes y los instrumentos de la comunicación humana han alcanzado desarrollos inauditos, sentimos el desafío de descubrir y transmitir la mística de vivir juntos, de mezclarnos, de encontrarnos, de estar en brazos, de apoyarnos, de dejarnos llevar por esta marea algo caótica que puede convertirse en una ver-

---

112 BENEDICTO XVI, Carta enc. *Caritas in veritate* (29 de junio de 2009), 6.
113 *Ibid.*, 9.

dadera experiencia de fraternidad, en una caravana solidaria, en una santa peregrinación".[114]

Estamos invitados también a plantar tiendas ligeras en las encrucijadas de senderos inexplorados. A estar en el umbral, como el profeta Elías, que hizo de la geografía de las afueras una fuente de revelación: hacia el Norte Sarepta, hacia el Sur el Horeb, al Este más allá del Jordán para la soledad penitente y al final para la ascensión al cielo. El umbral es el lugar donde el Espíritu gime: allí donde nosostros no sabemos ya ni qué decir, ni hacia dónde orientar nuestras esperas, pero donde el Espíritu conoce *los designios de Dios* (*Rom* 8,27) y nos los entrega. Tenemos el peligro, a veces, de atribuir a las vías del Espíritu nuestros mapas trazados desde hace mucho, por que repetir el mismo camino nos da seguridad. El Papa Benedicto nos abre a la visión de una Iglesia que crece por atracción[115] mientras que el Papa Francisco sueña con "una opción misionera capaz de transformarlo todo, para que las costumbres, los estilos, los horarios, el lenguaje y toda estructura eclesial se convierta en un cauce adecuado para la evangelización del mundo actual más que para la autopreservación [...] en constante actitud de 'salida' y favorezca así la 'respuesta positiva de todos aquellos a quienes Jesús convoca a su amistad'".[116]

114 FRANCISCO, Exhort. ap. *Evangelii gaudium* (24 de noviembre de 2013), 87.
115 BENEDICTO XVI, *Homilía* en la Santa Misa de inauguración de la V Conferencia General del Episcopado Latinoamericano y del Caribe en el Santuario "La Aparecida", Aparecida, Brasil (13 de mayo de 2007).
116 FRANCISCO, Exhort. ap. *Evangelii gaudium* (24 de noviembre de 2013), 27.

La alegría del Evangelio nos pide unir una espiritualidad como arte de la búsqueda que explora metáforas alternativas, imágenes nuevas y crea perspectivas inéditas. Partir de nuevo con humildad de la experiencia de Cristo y de su Evangelio, es decir del saber experiencial y, a menudo, desarmado como el de David ante Goliat. La potencia del Evangelio, experimentada en nosotros como salvación y alegría, nos capacita a usar con sabiduría imágenes y símbolos adecuados a una cultura que traga acontecimientos, pensamientos, valores, devolviéndolos en continuos iconos seductores, eco de "una profunda nostalgia de Dios, que se manifiesta de diversas maneras y pone numerosos hombres y mujeres en actitud de sincera búsqueda".[117]

En el pasado uno de los temas fuertes de la vida espiritual era el símbolo del *viaje* o de la *ascensión*: no en el espacio, sino hacia el centro del alma. Este proceso místico, puesto como fundamento de la vida del espíritu, hoy encuentra otras instancias de valor a las que ofrece luz y significado. La oración, la purificación, el ejercicio de las virtudes se relacionan con la solidaridad, la inculturación, el ecumenismo espiritual, la nueva antropología, pidiendo una nueva hermenéutica y, según la antigua *traditio* patrística, nuevos caminos mistagógicos.

Los consagrados y las consagradas, expertos del Espíritu y conscientes del hombre interior en el que habita Cristo, están invitados a recorrer estos cami-

---

117 BENEDICTO XVI, *Carta* al Cardenal Kurt Koch, Presidente del Pontificio Consejo de la Unidad de los Cristianos, con ocasión del XII Simposium intercristiano (Salonicco, 29 de agosto-2 de septiembre de 2011), 2.

nos, impidiendo al *dia-bólico* que divide y separa, y liberando el *sim-bólico*, es decir, la primacía de la unión y de la relación presente en la complejidad de la realidad creada, *el designio de recapitular en Cristo todas las cosas, las celestes y las terrestres* (*Ef* 1,10).

¿Dónde estarán los consagrados? Libres de vínculos por la forma evangélica de vida que profesan, ¿sabrán detenerse –como centinelas– al margen, allí donde la mirada se hace más nítida, más aguda y humilde el pensamiento? ¿Toda la vida religiosa será capaz de acoger el reto de las preguntas que provienen de las encrucijadas del mundo?

La experiencia de los pobres, el diálogo interreligioso e intercultural, la complementariedad hombre-mujer, la ecología en un mundo enfermo, la eugenesia sin frenos, la economía globalizada, la comunicación planetaria y el lenguaje simbólico son los nuevos horizontes hermenéuticos que no se pueden simplemente enumerar, sino que van habitados y fermentados bajo la guía del Espíritu que en todo gime (cf *Rom* 8,22-27). Son recorridos de una época que ponen en cuestión sistemas de valores, lenguajes, prioridades y antropologías. Millones de personas caminan a través de mundos y civilizaciones, desestabilizando identidades antiguas y favoreciendo mezclas de culturas y religiones.

La vida consagrada ¿será capaz de ser interlocutora acogedora "de esa búsqueda de Dios cuya presencia aletea siempre en el corazón humano"?[118] ¿Será capaz de presentarse –como Pablo– en la plaza

118 JUAN PABLO II, Exhort. ap. postsinodal *Vita consecrata* (25 de marzo de 1996), 103.

de Atenas y hablar del Dios desconocido a los *gentiles* (cf *Hch* 17,22-34)?

¿Será capaz de alimentar el ardor del pensamiento para alentar el valor de la alteridad y la ética de las diferencias en la convivencia pacífica?

En sus diversas formas la vida consagrada ya está presente en estas encrucijadas. Desde hace siglos, *in primis* los monasterios, las comunidades y las fraternidades en territorios de frontera viven un testimonio silencioso, lugar de Evangelio, de diálogo, de encuentro. Tantos consagrados y consagradas, del mismo modo, viven el día a día de los hombres y de las mujeres de hoy, compartiendo alegrías y dolores, animando el orden temporal, con la sabiduría y la audacia de "encontrar caminos nuevos y valientes para alcanzar a todos" en Cristo,[119] e "ir más allá, no solamente más allá, sino más allá y en medio, allí donde se pone todo en juego".[120]

Los consagrados y consagradas en el *limine* están llamados a abrir "claros", como en otros tiempos se abrían espacios en los bosques para fundar ciudades. Las consecuencias de tales opciones, como subraya el Papa Francisco, son inciertas, nos apremian sin duda a una salida del centro hacia las afueras, a una redistribución de las fuerzas en las que no predomina la defensa del *status quo* y la valoración del beneficio, sino la profecía de las opciones evangélicas. "El carisma no es una botella de agua destilada. Es

119 Cf FRANCISCO, *Audiencia* a los participantes en el encuentro promovido por la Conferencia Italiana de los Institutos Seculares, Roma (10 de mayo de 2014).
120 *Idem.*

ne cesario vivirlo con energía, releyéndolo también culturalmente".[121]

En el signo de lo pequeño

16. Continuamos nuestro viaje tejiendo mediaciones en el signo humilde del Evangelio: "no perdáis nunca el impulso de caminar por los caminos del mundo, la conciencia de caminar, ir incluso con paso incierto o cojeando, es mejor que estar parados, cerrados en las propias preguntas o en las propias seguridades".[122]

Los iconos que hemos meditado –de la *nube* que acompañaba el éxodo a las aventuras del profeta Elías– nos revelan que el Reino de Dios se manifiesta entre nosotros en el signo de lo pequeño. "Creámosle al Evangelio que dice que el Reino de Dios ya está presente en el mundo, y está desarrollándose aquí y allá, de diversas maneras: como la pequeña semilla que puede llegar a convertirse en una planta grande (cf *Mt* 13,31-32), como el puñado de levadura, que fermenta una gran masa (cf *Mt* 13,33), y como la buena semilla que crece en medio de la cizaña (cf *Mt* 13,24-30), y siempre puede sorprendernos gratamente".[123]

Quien se detiene en la referencia a sí mismo, a menudo, posee la imagen y se conoce sólo a sí mismo y su propio horizonte. Quien se empequeñece al

---

121 A. SPADARO, *"¡Despierten al mundo!"*. Entrevista al Papa Francisco con los Superiores Generales, en La Civiltà Cattolica, 165 (2014/I), 8.
122 *Idem.*
123 FRANCISCO, Exhort. ap. *Evangelii gaudium* (24 de noviembre de 2013), 278.

margen puede intuir y hacer crecer un mundo más humilde y espiritual.

Los nuevos caminos de fe brotan hoy en lugares humildes, en el signo de una Palabra que si se escucha y se vive lleva a la redención. Los Institutos de vida consagrada y las Sociedades de vida apostólica que realizan opciones a partir de los pequeños *signos* interpretados en la fe y en la profecía que sabe intuir *el más allá*, se convierten en lugares de vida, allí brilla la luz y se escucha la invitación que llama a otros a seguir a Cristo.

Instauremos un estilo de obras y de presencias pequeñas y humildes como el evangélico *grano* de mostaza (cf *Mt* 13,31-32), en el que brille sin fronteras la intensidad del signo: la palabra valiente, la fraternidad feliz, la escucha de la voz débil, la memoria de la casa de Dios entre los hombres. Es necesario cultivar "una mirada contemplativa, esto es, una mirada de fe que descubra al Dios que habita en sus hogares, en sus calles, en sus plazas. La presencia de Dios acompaña las búsquedas sinceras que personas y grupos realizan para encontrar apoyo y sentido a sus vidas. Él vive entre los ciudadanos promoviendo la solidaridad, la fraternidad, el deseo de bien, de verdad, de justicia. Esa presencia no debe ser fabricada sino descubierta, desvelada".[124]

La vida consagrada encuentra su fecundidad no sólo en testimoniar el bien, sino en reconocerlo y saberlo indicar, especialmente donde no es normal verlo, en los "no ciudadanos", los "ciudadanos a

---

124 *Ibid*. 71.

medias", los "desechos urbanos"[125] los sin dignidad. Pasar de las palabras de solidaridad a los gestos que acogen y regeneran: la vida consagrada está llamada a dicha verdad.[126]

El Papa Benedicto ya exhortaba: "os invito a una fe que sepa reconocer la sabiduría de la debilidad. En las alegrías y en las aflicciones del tiempo presente, cuando la dureza y el peso de la cruz se hacen notar, no dudéis de que la *kenosis* de Cristo es ya victoria pascual. Precisamente en la limitación y en la debilidad humana estamos llamados a vivir la configuración con Cristo, en una tensión totalizadora que anticipa, en la medida de lo posible en el tiempo, la perfección escatológica. En las sociedades de la eficiencia y del éxito, vuestra vida, caracterizada por la "minoridad" y la debilidad de los pequeños, por la empatía con quienes carecen de voz, se convierte en un evangélico signo de contradicción".[127]

Invitamos a volver a la sabiduría evangélica vivida por los pequeños (cf *Mt* 11,25): "Es la alegría que se vive en medio de las pequeñas cosas de la vida cotidiana, como respuesta a la afectuosa invitación de nuestro Padre Dios: *Hijo, en la medida de tus posibilidades trátate bien [...] No te prives de pasar un buen día* (*Eclo* 14,11.14).

¡Cuánta ternura paterna se intuye detrás de estas palabras!".[128]

---

125 *Ibid.*, 74.
126 Cf *Ibid.*, 207.
127 BENEDICTO XVI, *Homilía* para la Fiesta de la Presentación del Señor – XVII Jornada Mundial de la vida consagrada, Roma (2 de febrero de 2013).
128 FRANCISCO, Exhort. ap. *Evangelii gaudium* (24 de noviembre de 2013), 4.

La actual debilidad de la vida consagrada deriva del haber perdido la alegría de las "pequeñas cosas de la vida".[129] En el camino de la conversión, los consagrados y las consagradas podrían descubrir que la primera llamada –lo hemos recordado en la carta *Alegraos*– es la llamada a la alegría como acogida del pequeño y búsqueda del bien: "Sólo por hoy seré feliz, en la certeza de que he sido creado para la felicidad, no sólo en el otro mundo, sino también en éste".[130]

El Papa Francisco nos invita a dejarnos "llevar por el Espíritu, renunciar a calcularlo y controlarlo todo, y permitir que Él nos ilumine, nos guíe, nos oriente, nos impulse hacia donde Él quiera. Él sabe bien lo que hace falta en cada época y en cada momento".[131]

En coro en la statio *orante*

17. El horizonte está abierto, mientras estamos invitados a la vigilancia orante que intercede por el mundo. En ella seguimos vislumbrando pequeños signos que presagian benéfica lluvia sobre nuestra aridez, susurros ligeros de una presencia fiel.

El camino a recorrer para seguir la nube no es siempre fácil; el discernimiento exige a veces largas esperas que cansan; el yugo suave y dulce (cf *Mt* 11,30) puede volverse pesado. El desierto es también un lugar de

129 *Idem.*
130 JUAN XIII, *Decálogo de la serenidad*, en *Il Giornale dell'anima*, LEV, Città del Vaticano 2014, pág. 217.
131 FRANCISCO, Exhort. ap. Evangelii gaudium (24 de noviembre de 2013), 280.

soledad, de vacío. Un lugar donde falta todo lo fundamental para vivir: el agua, la vegetación, la compañía de otras personas, el calor de un amigo, incluso la vida misma. Cada uno en el desierto, en silencio y soledad, toca su imagen más auténtica: se mide a sí mismo y al infinito, su fragilidad como grano de arena y la solidez de la roca como misterio de Dios.

Los israelitas permanecían acampados, hasta que la nube se paraba sobre la tienda; volvían a partir por el camino cuando la nube se alzaba y dejaba la morada. Pararse y volver a partir: una vida guiada, reglamentada, ritmada por la nube del Espíritu. Una vida para vivir en atenta vigilia.

Elías, acurrucado sobre sí mismo, aplastado por el dolor y la infidelidad del pueblo, lleva sobre los hombros y en el corazón el sufrimiento y la traición. Él mismo se convierte en oración, súplica orante, entrañas que interceden. A su lado y por él, el chico escruta el cielo, para ver si del mar aparece la señal de respuesta a la promesas de Dios.

Es el paradigma del itinerario espiritual de cada uno, mediante el cual el hombre se convierte realmente en amigo de Dios, instrumento de su plan de salvación divino, toma conciencia de su vocación y misión para beneficio de todos los débiles de la tierra.

La vida consagrada en el momento presente está llamada a vivir con especial intensidad la *statio* de la intercesión. Somos conscientes de nuestro límite y de nuestra finitud, mientras nuestro espíritu atraviesa el desierto y la consolación buscando a Dios y los signos de su gracia, tiniebla y luz. En esta *statio* orante nos jugamos la rebelde obediencia de la profecía de la vida consagrada que se hace voz de pasión para la humanidad. Plenitud y vacío —como percepción profunda del misterio de Dios, del mundo y de lo humano— son experiencias que atravesamos a lo largo del camino con la misma intensidad.

El Papa Francisco nos interpela: "¿Tú luchas con el Señor por tu pueblo, como Abrahán luchó? (cf *Gén* 18,22-33) Esa oración valiente de intercesión. Nosotros hablamos de *parresia*, de valor apostólico, y pensamos en los proyectos pastorales, esto está bien, pero la parresia misma es necesaria también en la oración".[132]

La intercesión se hace voz de las pobrezas humanas, *adventus* y *eventus*: preparación a la respuesta de la gracia, a la fecundidad de la tierra árida, a la mística del encuentro en el signo de lo pequeño.

La capacidad de sentarse en coro hace a los consagrados y las consagradas no profetas solitarios, sino hombres y mujeres de comunión, de escucha común de la Palabra, capaces de elaborar juntos significados y signos nuevos, pensados y construidos incluso en el momento de las persecuciones y del martirio. Se trata de un camino hacia *la comunión de diferencias*: signo del Espíritu que sopla en nuestros corazones la pasión *para que todos sean uno* (*Jn* 17,21). Así se manifiesta una Iglesia que –sentada a la mesa después de un camino de dudas y de comentarios tristes y sin esperanza– reconoce a su Señor al partir el pan (*Lc* 24,13-35), revestida de esencialidad evangélica.

---

132 FRANCISCO, *Discurso* a los Párrocos de Roma, Roma (6 de marzo de 2014).

PARA LA REFLEXIÓN

18. Las provocaciones del papa Francisco

"Cuando el Señor quiere darnos una misión, quiere darnos un trabajo, nos prepara para que lo hagamos bien", precisamente "como preparó a Elías". Lo importante "no es que él haya encontrado al Señor", sino "todo el recorrido para llegar a la misión que el Señor te confía". Y precisamente "esta es la diferencia entre la misión apostólica que el Señor nos da y el deber humano, honrado, bueno". Por lo tanto "cuando el Señor da una misión, nos hace siempre entrar en un proceso de purificación, un proceso de discernimiento, un proceso de obediencia, un proceso de oración".[133]

"¿Son mansos, humildes? ¿En esa comunidad hay luchas entre ellos por el poder, peleas por la envidia? ¿Se critica? Entonces no van por la senda de Jesucristo". La paz en una comunidad, en efecto, es una "peculiaridad muy importante. Tan importante porque el demonio trata de dividirnos, siempre. Es el padre de la división; con la envidia, divide. Jesús nos

133 FRANCISCO, *Meditación* en la capilla *Domus Sanctae Marthae*, Roma (13 de junio de 2014).

hace ver este camino, el camino de la paz entre nosotros, del amor entre nosotros".[134]

Es importante, dijo también el Papa, "tener el hábito de pedir la gracia de la memoria del camino que hizo el pueblo de Dios". La gracia también de la "memoria personal: ¿qué ha hecho Dios conmigo en mi vida?, ¿cómo me ha hecho caminar?". Es necesario también "pedir la gracia de la esperanza que no es optimismo: es otra cosa". Y, por último, "pedir la gracia de renovar todos los días la alianza con el Señor que nos ha llamado".[135]

Y este "es nuestro destino: caminar en la perspectiva de las promesas, seguros de que llegarán a ser realidad. Es hermoso leer el capítulo once de la Carta a los Hebreos, donde se relata el camino del pueblo de Dios hacia las promesas: cómo esta gente amaba mucho estas promesas y las buscaba incluso con el martirio. Sabía que el Señor era fiel. La esperanza no defrauda nunca. [...] Esta es nuestra vida: creer y ponerse en camino" como hizo Abrahán, que "confió en el Señor y caminó incluso en momentos difíciles".[136]

No perdáis jamás el impulso de caminar por los senderos del mundo, la conciencia de que caminar, ir incluso con paso incierto o renqueando, es siempre mejor que estar parados, cerrados en los propios interrogantes o en las propias seguridades. La pasión misionera, la alegría del encuentro con Cristo que os impulsa a compartir con los demás la belleza de la fe,

134 FRANCISCO, *Meditación* en la capilla *Domus Sanctae Marthae*, Roma (29 de abril de 2014).
135 *Idem.*
136 *Idem.*

aleja el peligro de permanecer bloqueados en el individualismo.[137]

Los religiosos son profetas. Son aquellos que han elegido un seguimiento de Jesús que imita su vida con la obediencia al Padre, la pobreza, la vida de comunidad y la castidad. [...] En la Iglesia los religiosos están llamados especialmente a ser profetas que dan testimonio de cómo ha vivido Jesús en este mundo, y que anuncian cómo será el Reino de Dios en su perfección. Un religioso no debe jamás renunciar a la profecía.[138]

Esta es una actitud cristiana: la vigilancia. La vigilancia sobre uno mismo: ¿qué ocurre en mi corazón? Porque donde está mi corazón está mi tesoro. ¿Qué ocurre ahí? Dicen los padres orientales que se debe conocer bien si mi corazón está turbado o si mi corazón está tranquilo. [...] Después ¿qué hago? Intento entender lo que sucede, pero siempre en paz. Entender con paz. Luego, vuelve la paz y puedo hacer la *discussio conscientiae*. Cuando estoy en paz, no hay turbulencia: "¿Qué ha ocurrido hoy en mi corazón?". Y esto es vigilar. Vigilar no es ir a la sala de tortura, ¡no! Es mirar el corazón. Tenemos que ser dueños de nuestro corazón. ¿Qué siente mi corazón, qué busca? ¿Qué me ha hecho feliz hoy y qué no me ha hecho feliz?[139]

Gracias a Dios vosotros no vivís y no trabajáis como individuos aislados, sino como comunidad: y ¡dad gracias a Dios por esto! La comunidad sostiene todo el

137 FRANCISCO, *Audiencia* con los participantes al encuentro promovido por la Conferencia Italiana de Institutos Seculares, Roma (10 de mayo de 2014).

138 A. SPADARO, *Entrevista* al Papa Francisco, en *La Civiltà Cattolica* III (2013), 449-477.

139 FRANCISCO, *Discurso* a los Rectores y a los alumnos de los Colegios Pontificios y Residencias sacerdotales de Roma, Roma (12 de mayo de 2014).

apostolado. A veces, las comunidades religiosas atraviesan tensiones, con el riesgo del individualismo y de la dispersión, mientras que se necesita una comunicación profunda y relaciones auténticas. La fuerza humanizadora del Evangelio es testimoniada por la fraternidad vivida en comunidad, hecha de acogida, respeto, ayuda mutua, comprensión, cortesía, perdón y alegría.[140]

Sois levadura que puede producir un pan bueno para muchos, ese pan del que hay tanta hambre: la escucha de las necesidades, los deseos, las desilusiones, la esperanza. Como quien os ha precedido en vuestra vocación, podéis devolver la esperanza a los jóvenes, ayudar a los ancianos, abrir caminos hacia el futuro, difundir el amor en todo lugar y en toda situación. Si no sucede esto, si a vuestra vida ordinaria le falta el testimonio y la profecía, entonces os repito otra vez, ¡es urgente una conversión![141]

En vez de ser sólo una Iglesia que acoge y que recibe teniendo las puertas abiertas, intentemos también ser una Iglesia que descubre nuevos caminos, que es capaz de salir de sí misma e ir hacia quien no la frecuenta, hacia quien se ha ido o es indiferente. Quien se ha ido, a veces lo ha hecho por razones que, comprendidas y valoradas justamente, pueden llevar a un regreso. Pero se necesita audacia y coraje.[142]

En la vida consagrada se vive el encuentro entre los jóvenes y los ancianos, entre la observancia y pro-

---

140 FRANCISCO, *Discurso* a los participantes al Capítulo general de la Sociedad Salesiana de San Juan Bosco (Salesianos), Roma (31 de III (2013), 449-477.
141 FRANCISCO, *Audiencia* a los participantes al encuentro promovido por la Conferencia Italiana de los Institutos Seculares, Roma (10 de mayo de 2014).
142 A. SPADARO, *Entrevista al Papa Francisco*, en *La Civiltà Cattolica*.

fecía. ¡No las veamos como dos realidades contrarias! Dejemos más bien que el Espíritu Santo anime ambas, y el signo de ello es la alegría: la alegría de observar, de caminar en una regla de vida; la alegría de ser guiados por el Espíritu, nunca rígidos, nunca cerrados, siempre abiertos a la voz de Dios que habla, que abre, que conduce, que nos invita a ir hacia el horizonte.[143]

Ave, Mujer de la nueva Alianza

19. Caminar siguiendo los signos de Dios significa experimentar la alegría y el renovado entusiasmo del encuentro con Cristo,[144] centro de la vida y fuente de las decisiones y las obras.[145]

El encuentro con el Señor se renueva cada día en la alegría del camino perseverante. "Siempre en camino, con esa virtud que es una virtud peregrina: ¡la alegría!".[146]

El momento actual invoca la necesidad de vigilar: "Vigilancia. Es mirar el corazón. Debemos ser dueños de nuestro corazón. ¿Qué siente mi corazón?¿Qué busca? ¿Qué me ha hecho feliz hoy y qué no me ha hecho feliz? [...] Esto es conocer el estado de mi

143 FRANCISCO, Homilía en la Fiesta de la Presentación del Señor para la XVIII Jornada Mundial de la Vida consagrada, Roma (2 de febrero de 2014).
144 Cf BENEDICTO XVI, Carta ap. en forma de *motu proprio Porta fidei con el que se inicia el Año de la Fe* (11 de octubre de 2011), 2.
145 CONGREGACIÓN PARA LOS INSTITUTOS DE VIDA CONSAGRADA Y LAS SOCIEDADES DE VIDA APOSTÓLICA, Instrucción, *Caminar desde Cristo. Un renovado compromiso de la vida consagrada en el Tercer Milenio* (19 de mayo de 2002), 22.
146 FRANCISCO, *Audiencia* a los participantes al encuentro promovido por la Conferencia Italiana de los Institutos Seculares, Roma (10 de mayo de 2014).

corazón, mi vida, cómo camino en la senda del Señor. Porque, sin vigilancia, el corazón va a todas partes; y la imaginación viene detrás. No son cosas antiguas, no son cosas superadas".[147]

El consagrado se vuelve *memoria Dei*, recuerda la acción del Señor. El tiempo que se nos concede caminar detrás de la nube nos pide perseverancia, ser fieles a escrutar en la vigilia *como si se viera lo invisible* (*Heb* 11,27). Es el tiempo de la nueva alianza. En los días del fragmento y del respiro breve, como a Elías se nos pide velar, escrutar el cielo sin cansancio para divisar *la nubecilla, como la palma de la mano,* custodiar la audacia de la perseverancia y la visión nítida de la eternidad. Nuestro tiempo sigue siendo un tiempo de exilio, de peregrinación, en la espera atenta y alegre de la realidad escatológica en la que Dios será todo en todos.

María "es la nueva arca de la alianza, ante la cual el corazón exulta de alegría, la Madre de Dios presente en el mundo, que no guarda para sí esta divina presencia, sino que la ofrece compartiendo la gracia de Dios. Y así –como dice la oración– María es realmente *causa nostrae laetitiae,* el *arca* en la que el Salvador, verdadera mente, está presente entre nosotros".[148]

Ave María, Mujer de la nueva Alianza, te decimos dichosa porque has creído (cf *Lc* 1,45) y has sabido "reconocer las huellas del Espíritu de Dios en los

147 FRANCISCO, *Discurso* a los Rectores y a los alumnos de los Colegios Pontificios y Residencias sacerdotales de Roma, Roma (12 de mayo de 2014).
148 BENEDICTO XVI, Homilía para la Solemnidad de la Asunción de la dichosa Vigen María, Castelgandolfo (15 de agosto de 2011).

grandes acontecimientos y ¡también en aquellos que parecen imperceptibles!".[149]

Sostén nuestro desvelo en la noche, hasta las luces del amanecer a la espera del nuevo día. Concédenos la profecía que narra al mundo la alegría del Evangelio, la bienaventuranza de aquellos que escrutan los horizontes de tierras y cielos nuevos (cf *Ap* 21,1) y anticipan su presencia en la ciudad de los hombres.

Ayúdanos a confesar la fecundidad del Espíritu en el signo de lo esencial y de lo pequeño. Concédenos realizar la acción valiente del humilde en quien Dios *se fija* (Sal 137,6) y a quien se revelan los secretos del Reino (cf Mt 11,25 26), aquí y ahora.

Amén

Vaticano, 8 de septiembre de 2014.

Nacimiento de la Santísima Virgen María.

JOÃO BRAZ CARD. DE AVIZ

Prefecto

JOSÉ RODRÍGUEZ CARBALLO, O.F.M.

Arzobispo Secretario

---

149 FRANCISCO, Exhort. ap. *Evangelii gaudium* (24 de noviembre de 2013), 288.

ÍNDICE

Se terminó de imprimir en los talleres de
EDICIONES PAULINAS, S. A. de C. V. - Calz.
Taxqueña No. 1792 - Deleg. Coyoacán - 04250
México, D. F., el 10 de Octubre del 2014. Se impri-
mieron 3,000 ejemps. más sobrantes de reposición.